LA LIBERTÉ INTÉRIEURE

La force de la foi, de l'espérance et de l'amour

Du même auteur :

- *À l'école de l'Esprit-Saint*, 1995.
- *Du temps pour Dieu*, 1992.
- *Recherche la paix et poursuis-là*, 1991.

ISBN 2-84024-184-6

Société des Oeuvres Communautaires, octobre 2002
Burtin, F - 41600 Nouan-le-Fuzelier
ed.beatitudes@wanadoo.fr
www.editions-beatitudes.fr

Jacques PHILIPPE

LA LIBERTÉ INTÉRIEURE

La force de la foi, de l'espérance et de l'amour

5e édition

22e mille

Editions des Béatitudes

INTRODUCTION

« Là où est l'Esprit du Seigneur, là est la liberté ».
Saint Paul[1]

« Nous offrirons à Dieu notre volonté, notre raison, notre intelligence, tout notre être par les mains et le cœur de la Sainte Vierge. Alors notre esprit possèdera cette liberté précieuse d'âme, si étrangère à la tension anxieuse, à la tristesse, à la dépression, à la contrainte, à la petitesse d'esprit. Nous naviguerons dans l'abandon, nous libérant de nous-mêmes pour nous attacher à Lui, l'Infini ».
Mère Yvonne-Aimée de Malestroit[2]

Ce petit livre veut aborder un thème fondamental de l'existence chrétienne, celui de la liberté

1. 2 Co 3, 17.
2. Cité dans *Une amitié voulue par Dieu,* Paul Labutte, éd. François-Xavier de Guibert.

intérieure. Le but est simple : il me paraît essentiel que chaque chrétien découvre que, même dans les circonstances extérieures les plus défavorables, il dispose en lui-même d'un espace de liberté que personne ne peut lui ravir, car c'est Dieu qui en est la source et le garant. Sans cette découverte, nous serons toujours à l'étroit dans la vie et nous ne goûterons jamais un vrai bonheur. Au contraire, si nous avons su déployer en nous cet espace intérieur de liberté, bien des choses sans doute nous feront souffrir, mais rien ne pourra véritablement nous opprimer ni nous étouffer.

L'affirmation fondamentale que nous désirons développer est simple, mais d'une très grande portée : l'homme conquiert sa liberté intérieure dans l'exacte mesure où la foi, l'espérance et l'amour se fortifient en lui. Nous mettrons en lumière de manière concrète combien le dynamisme de ce que l'on appelle classiquement les « vertus théologales » est le cœur de la vie spirituelle, et manifesterons aussi le rôle-clé de la vertu d'espérance dans notre croissance intérieure. Laquelle vertu d'espérance ne peut vraiment se déployer qu'en lien avec la pauvreté de cœur, ce qui veut dire que notre ouvrage peut être aussi considéré comme un commentaire de la première béatitude : « *Heureux les pauvres en esprit, car le Royaume des cieux leur appartient* »[3].

Nous reprendrons en les approfondissant certains thèmes que nous avons traités dans des livres précédents, sur la paix intérieure, la vie de prière,

3. Mt 5, 3.

et la docilité au Saint-Esprit.[4]

En ce début du troisième millénaire, nous souhaitons que ce livre soit une aide pour ceux qui désirent se rendre disponibles à ces merveilleux renouvellements intérieurs que le Saint-Esprit veut opérer dans les cœurs, et accéder ainsi à la glorieuse liberté des enfants de Dieu.

4. *Recherche la paix et poursuis-la, Du temps pour Dieu, À l'école de l'Esprit Saint,* éd. des Béatitudes.

PREMIÈRE PARTIE

I – LIBERTÉ ET ACCEPTATION

1. La quête de la liberté

La notion de liberté peut sembler un lieu de rencontre privilégié entre la culture moderne et le christianisme. Celui-ci se propose en effet comme un message de liberté et de libération. Il suffit pour en être convaincu d'ouvrir le Nouveau Testament, où les mots « libre », « liberté », « affranchir » sont fréquemment utilisés : *« La vérité vous rendra libres »* dit Jésus en saint Jean[1]. Saint Paul affirme : *« Là où est l'Esprit du Seigneur, là est la liberté »*[2] et ailleurs : *« c'est pour que nous restions libres que le Christ nous a libérés »*[3]. La loi chrétienne est appelée par saint Jacques une *« loi de liberté »*[4]. Reste à savoir quelle est la nature véritable de cette liberté ; nous essayerons de la comprendre.

1. Jn 8, 32.
2. Co 3, 17.
3. Ga 5, 1.
4. Jc 2, 12

Quant à la culture moderne, elle est marquée depuis quelques siècles, comme chacun peut le constater avec évidence, par une forte aspiration à la liberté. On sait cependant combien la notion de liberté peut être porteuse d'ambiguïtés, et conduire à des égarements qui ont produit des aliénations terribles et causé la mort de millions de personnes. Le XXe siècle en aura été un témoin hélas privilégié. Mais le désir de liberté continue à se manifester dans tous les domaines : social, politique, économique, psychologiquc. Sans doute s'exprime-t-il autant parce que, malgré tous les « progrès » réalisés, il reste insatisfait...

Au plan moral, on a l'impression que la seule valeur qui fasse encore un peu l'unanimité en ce début du troisième millénaire, est celle de la liberté : tout le monde est à peu près d'accord pour estimer que le respect de la liberté d'autrui reste une norme éthique fondamentale. Cela est sans doute plus théorique que réel (le libéralisme occidental étant de plus en plus totalitaire à sa manière), et peut-être même une simple manifestation de cet égocentrisme foncier auquel est arrivé l'homme moderne, pour qui le respect de la liberté de chacun serait moins la reconnaissance d'une exigence éthique qu'une revendication individualiste : que personne ne se mêle de m'empêcher de faire ce dont j'ai envie !

Liberté et bonheur

Il faut cependant noter que cette aspiration à la liberté si forte chez l'homme contemporain, même si elle comporte une bonne part d'illusion et se réalise parfois dans des voies erronées, recèle quelque chose de très juste et de très noble.

En effet, l'homme n'a pas été créé pour être un esclave, mais pour dominer sur la création. La Genèse le dit explicitement. Il n'est pas fait pour mener une vie terne, étriquée, enserrée dans un espace étroit, mais il a été créé pour « vivre au large ». Les espaces confinés lui sont insupportables, tout simplement parce qu'il a été créé à l'image de Dieu, et qu'il y a en lui un besoin irrépressible d'absolu et d'infini. C'est sa grandeur, et parfois son malheur.

L'être humain manifeste aussi une telle soif de liberté parce son aspiration la plus fondamentale est l'aspiration au bonheur ; et il pressent qu'il n'y a pas de bonheur sans amour, et pas d'amour sans liberté. Ce qui est parfaitement exact. L'homme a été créé par amour, et pour aimer, et il ne peut trouver le bonheur qu'en aimant et en étant aimé. Comme le dit sainte Catherine de Sienne,[5] l'homme ne saurait vivre sans aimer. Son problème vient de ce que souvent il aime de travers ; il s'aime lui-même égoïstement, et se trouve en fin de compte frustré, car seul un authentique amour peut combler.

S'il est vrai que seul l'amour peut combler, il n'y a pas d'amour sans liberté : un amour qui procède de la contrainte, ou de l'intérêt, ou de la seule satisfaction d'un besoin, ne mérite pas le nom d'amour. L'amour ne se prend pas, ne s'achète pas

5. « L'âme ne peut vivre sans amour, il lui faut toujours quelque chose à aimer : car c'est d'amour qu'elle est faite, et c'est par amour que je la créai. » *Dialogue*, éd. Téqui, chap. 51.

non plus. Il n'y a d'amour véritable, et donc heureux, qu'entre des personnes qui disposent librement d'elles-mêmes pour se donner l'une à l'autre.

On pressent ainsi la valeur extraordinaire de la liberté : elle donne son prix à l'amour, et l'amour est la condition du bonheur. C'est sans doute l'intuition, même confuse, de cette vérité, qui fait que l'homme attache une telle importance à la liberté, et de ce point de vue on ne peut pas lui donner tort !

Mais comment accéder à cette liberté qui permet l'épanouissement de l'amour ? Pour aider ceux qui veulent atteindre ce but, nous allons commencer par évoquer certaines illusions bien répandues, dont personne n'est totalement indemne, mais dont il est nécessaire de sortir pour jouir d'une liberté véritable.

Liberté : revendication d'autonomie ou accueil d'une dépendance ?

Si l'idée de liberté semble comme nous l'avons dit présenter un terrain de rencontre entre le christianisme et la culture moderne, elle est aussi peut-être le point où ils divergent de la manière la plus radicale. Pour l'homme moderne, être libre signifie souvent pouvoir se débarrasser de toute contrainte et de toute autorité : « Ni Dieu, ni maître ». Pour le christianisme au contraire, on ne peut trouver la liberté que dans une soumission à Dieu, cette « *obéissance de la foi* » dont parle saint Paul.[6] La liberté véritable est moins une conquête de

6. Rm 1, 5.

l'homme qu'un don gratuit de Dieu, un fruit de l'Esprit Saint, reçu dans la mesure où l'on se situe dans une dépendance aimante vis à vis de son Créateur et Sauveur. Là se manifeste à plein le paradoxe évangélique: « *Qui veut sauver sa vie la perdra, mais qui perdra sa vie à cause de moi la sauvera* »[7]. En d'autres termes: qui veut à tout prix préserver et défendre sa liberté la perdra, mais qui accepte de la « perdre » en la remettant avec confiance entre les mains de Dieu la sauvera: elle lui sera restituée, infiniment plus belle et profonde, comme un merveilleux cadeau de la tendresse divine. Comme nous le verrons, notre liberté est en fait proportionnelle à l'amour et à la confiance filiale qui nous attachent à notre Père du Ciel.

L'expérience vivante des saints est là pour nous encourager: ils se sont donnés à Dieu sans réserve, ne désirant faire que Sa volonté, et en retour ont reçu progressivement le sentiment de jouir d'une immense liberté, que rien au monde ne pouvait leur ravir, d'où un bonheur intense. Comment cela est-il possible? Nous essaierons de le comprendre peu à peu.

Liberté extérieure ou intérieure?

Une autre illusion fondamentale relative à la notion de liberté est de faire de cette dernière une réalité extérieure, dépendant des circonstances, et non une réalité d'abord intérieure.[8] Dans ce

7. Mt 16, 25.

8. Il y a là une évidence toute simple mais que nous mettons bien du temps à comprendre: tant que notre sentiment de

domaine comme dans bien d'autres, nous reproduisons le drame expérimenté par saint Augustin: « Tu étais au-dedans de moi quand j'étais au-dehors, et c'est dehors que je te cherchais ! »[9]

Expliquons-nous. Le plus souvent, nous avons l'impression que ce qui limite notre liberté, ce sont les circonstances qui nous environnent: les contraintes que nous impose la société, les obligations de toutes sortes que les autres font peser sur nous, telle ou telle limitation de laquelle nous sommes prisonniers concernant nos possibilités physiques, notre santé, etc. Pour trouver notre liberté, il faudrait alors éliminer ces contraintes et limitations. Quand nous nous sentons quelque peu « étouffer » dans des circonstances dont nous sommes prisonniers, nous en voulons aux institutions ou aux personnes qui semblent en être la cause. Que de ressentiments entretenus ainsi envers tout ce qui ne va pas selon notre gré dans la vie et nous empêche d'être libres comme nous le souhaiterions !

Cette manière de voir les choses comporte certainement une part de vérité. Il y a parfois certaines limitations auxquelles il faut remédier, ou des contraintes à franchir pour conquérir sa liberté. Mais il y a aussi une grande part d'illusion qu'il est nécessaire de démasquer, sous peine de ne jamais goûter la liberté véritable. Même si venait à disparaître tout ce que nous considérons dans notre vie comme empêchement à notre liberté, cela ne nous

---

plus ou moins grande liberté dépend des circonstances extérieures, c'est bien le signe que nous ne sommes pas encore vraiment libres !

9. *Confessions*, livre 10.

garantit en rien de trouver la pleine liberté à laquelle nous aspirons. Quand on repousse des limites, on en trouve d'autres un peu plus loin. On risque donc, en restant dans la problématique décrite ci-dessus, de se trouver dans un processus sans fin et une insatisfaction permanente. Nous buterons toujours sur des contraintes douloureuses. On peut s'affranchir d'un certain nombre d'entre elles, mais pour en trouver d'autres plus inflexibles : les lois de la physique, les limites de la condition humaine, de la vie en société...

Libération ou suicide ?

Le désir de liberté qui habite le cœur de l'homme contemporain se traduit ainsi souvent par une tentative désespérée pour franchir les limites dans lesquelles il se considère comme enfermé. On veut aller toujours plus loin, plus vite, avoir une plus grande puissance de transformer la réalité. Cela se ressent dans tous les domaines de l'existence. On croit qu'on sera plus libre quand les « progrès » de la biologie permettront de choisir le sexe des enfants. On imagine trouver la liberté en essayant d'aller toujours au-delà de ses possibilités. Non content de faire de l'alpinisme « normal », on se lance dans l'alpinisme « extrême », jusqu'au jour où l'on va un peu trop loin, et l'exaltante aventure se conclut par une chute mortelle. Ce côté suicidaire d'une certaine recherche de la liberté est évoqué de manière significative par la dernière scène du film *Le grand Bleu* : le héros du film, fasciné par l'aisance et la liberté qu'ont les dauphins de se mouvoir dans le fond des océans, finit par les suivre. Le film oublie de dire l'évidence : ce faisant il se condamne à une mort certaine ! Combien de jeunes tués par des excès de vitesse ou des overdoses d'héroïne, à cause d'une aspiration à la liberté qui n'a pas su trouver les chemins authentiques pour se réaliser. Celle-ci n'est-elle alors qu'un songe auquel il vaut mieux renoncer pour se contenter d'une vie terne et médiocre ? Certainement pas ! Mais il faut découvrir en soi-même et dans une relation intime à Dieu la liberté véritable.

C'est dans vos cœurs que vous êtes à l'étroit

Pour tenter de faire comprendre quelle est la nature de cet espace de liberté intérieure que chacun porte en soi et que personne ne peut lui ravir, je voudrais raconter une petite expérience que j'ai faite, concernant sainte Thérèse de l'Enfant-Jésus, et qui m'a beaucoup instruit.

Sainte Thérèse de l'Enfant-Jésus est pour moi depuis de nombreuses années une amie très chère, et j'ai énormément appris à son école de simplicité et de confiance évangélique. Il y a deux ans de cela, lors d'une des premières occasions où ses reliques ont quitté le Carmel pour se rendre dans une des villes qui les avaient demandées (il s'agissait je crois de Marseille), je me trouvais à Lisieux. Les sœurs carmélites ont fait appel à des frères de la communauté des Béatitudes pour les aider à transporter le lourd et précieux reliquaire dans la voiture qui devait le conduire à destination. Je me suis porté volontaire pour cette tâche sympathique, et cela m'a donné l'occasion inattendue d'entrer dans la clôture du Carmel de Lisieux, et de découvrir avec joie et émotion les lieux mêmes où a vécu Thérèse : l'infirmerie, le cloître, le lavoir, le jardin du Carmel avec l'allée des marronniers, tous lieux que je connaissais par l'évocation qu'en fait notre sainte dans ses *Manuscrits autobiographiques*. Une chose m'a frappé : les lieux étaient bien plus petits que ce que j'avais pu imaginer. Thérèse par exemple, à la fin de sa vie, évoque avec humour les sœurs passant lui faire un brin de causette en allant faire les foins, mais le grand pré à faner que je m'étais représenté n'est en fait qu'un mouchoir de poche !

Ce fait anodin, de l'étroitesse des lieux où a vécu Thérèse, m'a fait beaucoup réfléchir. J'ai réalisé à quel point Thérèse a vécu dans un monde humainement bien réduit : un petit Carmel de province à l'architecture banale, un minuscule jardin, une petite communauté faite de religieuses dont l'éducation, la culture, les manières étaient souvent bien pauvres, un climat où le soleil est loin de prédominer... Et une existence si brève dans ce monastère : dix ans ! Pourtant, et c'est ce paradoxe qui m'a frappé, quand on lit les écrits de Thérèse, on ne ressent absolument pas l'impression d'une vie qui se serait déroulée dans un monde étriqué, bien au contraire. Si on dépasse certaines limites de style, on perçoit dans sa manière de s'exprimer, dans sa sensibilité spirituelle, une impression d'ampleur, de dilatation merveilleuse. Thérèse vit dans des horizons très larges, qui sont ceux de la miséricorde infinie de Dieu et de son désir sans limite de l'aimer. Elle se sent comme une reine qui a le monde entier à ses pieds, car elle peut tout obtenir de Dieu et, par l'amour, se rendre en tous les points de l'univers où un missionnaire a besoin de sa prière et de ses sacrifices !

Il y aurait une étude philologique à faire sur l'importance des termes qui chez Thérèse expriment la dimension illimitée de l'univers spirituel dans lequel elle se meut: «horizons infinis» «désirs immenses» «océans de grâces», «abîmes d'amour», «torrents de miséricorde» et ainsi de suite. Le manuscrit B en particulier, où Thérèse raconte la découverte de sa vocation au cœur de l'Eglise, est très révélateur. Il y a bien sûr chez Thérèse la souffrance, la monotonie du sacrifice, mais tout cela est dépassé et transfiguré par l'intensité de sa vie intérieure.

Pourquoi le monde de Thérèse, humainement si étroit et pauvre, donne-t-il pourtant le sentiment d'être si ample et si dilaté? Pourquoi une telle impression de liberté se dégage-t-il du récit qu'elle fait de sa vie au Carmel?

Tout simplement parce que Thérèse aime avec intensité. Elle est embrasée d'amour pour Dieu, de charité envers ses sœurs, elle porte l'Eglise et le monde tout entier dans une tendresse de mère. Voilà son secret: elle n'est pas à l'étroit dans son petit couvent, car elle aime. L'amour transfigure tout et met une note d'infini dans les choses les plus banales. Tous les saints ont fait la même expérience: «L'amour est un mystère qui transfigure tout ce qu'il touche en des choses belles et agréables à Dieu. L'amour de Dieu rend l'âme libre. Elle est comme une reine, qui ne connaît pas la contrainte de l'esclavage» s'exclame sainte Faustine dans son journal spirituel.[10]

10.*Petit Journal,* sainte Faustine Kowalska, éd. Jules Hovine, p. 319.

Réfléchissant sur cela, m'est revenue à la pensée une phrase de saint Paul adressée aux chrétiens de Corinthe: « *Vous n'êtes pas à l'étroit chez nous; c'est* ***dans vos cœurs*** *que vous êtes à l'étroit* »[11].

Bien souvent, nous nous trouvons à l'étroit dans notre situation, notre famille, notre environnement. Mais peut-être le vrai problème est-il ailleurs: c'est en fait dans notre cœur que nous sommes à l'étroit, c'est là l'origine de notre manque de liberté. Si nous aimions davantage, l'amour donnerait des dimensions infinies à notre vie, et nous ne nous sentirions plus aussi à l'étroit.

Je ne veux pas dire qu'il n'y ait pas parfois des situations objectives à changer, des circonstances opprimantes ou étouffantes auxquelles il faille remédier pour que le cœur éprouve une réelle liberté intérieure. Mais je crois que bien souvent aussi nous sommes dans une certaine illusion. Nous accusons l'environnement, alors que la vraie question est ailleurs. Notre manque de liberté vient d'un manque d'amour: nous estimons être victimes d'un contexte désavantageux, alors que le problème véritable (comme les solutions) est en nous-mêmes. C'est notre cœur qui est prisonnier de son égoïsme ou de ses peurs et qui doit changer, apprendre à aimer en se laissant transformer par le Saint-Esprit; c'est le seul moyen de sortir du sentiment d'étroitesse dans lequel nous nous trouvons pris. Qui ne sait pas aimer se trouvera toujours défavorisé et se sentira à l'étroit partout; celui qui sait aimer ne se trouvera à l'étroit nulle part. Voilà

11. 2 Co 6, 12.

ce que m'a enseigné la Petite Thérèse. Elle m'a fait comprendre aussi une autre chose importante, mais que nous développerons plus loin: notre incapacité à aimer provient le plus souvent de nos manques de foi et de nos manques d'espérance.

Un témoignage pour notre siècle: Etty Hillesum

Je voudrais évoquer brièvement un autre témoignage, plus récent, de liberté intérieure, à la fois très différent et très proche de celui de Thérèse de l'Enfant-Jésus, et qui m'a beaucoup touché. Il s'agit de celui d'Etty Hillesum, une jeune juive morte à Auchwitz en septembre 1942, dont le journal a été publié en 1981[12]. Son «histoire d'une âme» se déroule en Hollande au moment où s'intensifie la persécution nazie contre les Juifs. Grâce à un ami psychologue, juif lui aussi, elle découvre (sans jamais devenir explicitement chrétienne) des valeurs qui sont au cœur du christianisme: la prière, la présence de Dieu au-dedans d'elle-même, l'invitation évangélique à s'abandonner avec confiance à la Providence. Il est bouleversant de constater comment cette jeune femme, fragile affectivement, mais animée d'une forte exigence de vérité quant à elle-même, s'applique à vivre ces valeurs et, au moment même où toutes les libertés extérieures lui sont progressivement enlevées, découvre en elle-même un bonheur et une liberté intérieure que personne ne pourra désormais lui

12. *Une vie bouleversée. Journal (1941-43)*, Etty Hillesum, © éd. du Seuil, 1985.

ravir. Nous aurons l'occasion de citer plus avant quelques passages de ses écrits ; mais voici l'un d'eux très significatif de son expérience spirituelle :

> « Ce matin en longeant à bicyclette le Stadionkade, je m'enchantais du vaste horizon que l'on découvre aux lisières de la ville et je respirais l'air frais qu'on ne nous a pas encore rationné. Partout des pancartes interdisaient aux Juifs les petits chemins menant dans la nature. Mais au-dessus de ce bout de route qui nous reste ouvert, le ciel s'étale tout entier. On ne peut rien nous faire, vraiment rien. On peut nous rendre la vie assez dure, nous dépouiller de certains biens matériels, nous enlever une certaine liberté de mouvement tout extérieure, mais c'est nous-mêmes qui nous dépouillons de nos meilleures forces par une attitude psychologique désastreuse. En nous sentant persécutés, humiliés, opprimés. En éprouvant de la haine. En crânant pour cacher notre peur. On a bien le droit d'être triste et abattu, de temps en temps, par ce qu'on nous fait subir : c'est humain et compréhensible. Et pourtant, la vraie spoliation c'est nous-mêmes qui nous l'infligeons. Je trouve la vie si belle et je me sens libre. En moi des cieux se déploient aussi vastes que le firmament. Je crois en Dieu et je crois en l'homme, j'ose le dire sans fausse honte(...) Je suis une femme heureuse et je chante les louanges de cette vie – mais oui – en l'année du Seigneur – encore et toujours du Seigneur- 1942, la quantième de la guerre ? »[13]

13. *op. cit.* p. 132.

La liberté intérieure : liberté de croire, d'espérer, d'aimer

Dans la ligne de ce qu'ont vécu Thérèse et Etty, voici l'idée que je voudrais développer maintenant : la liberté véritable, cette liberté souveraine du croyant, consiste en ce qu'il dispose en toute circonstance, grâce à l'assistance de l'Esprit Saint, qui « *vient au secours de notre faiblesse* »[14], de la possibilité de croire, d'espérer et d'aimer. Personne ne pourra jamais l'en empêcher. « *Oui, j'en ai l'assurance, ni mort ni vie, ni anges ni principautés, ni présent ni avenir, ni puissances, ni hauteur ni profondeur, ni aucune autre créature ne pourra nous séparer de l'amour de Dieu manifesté dans le Christ Jésus notre Seigneur* »[15].

Aucune circonstance au monde ne pourra jamais m'interdire de croire en Dieu, de mettre en lui toute ma confiance, de l'aimer de tout mon cœur et d'aimer mon prochain. La foi, l'espérance et la charité sont souverainement libres, car si elles sont suffisamment enracinées en nous, elles ont la ressource de se nourrir même de ce qui s'oppose à elles ! Si l'on veut m'interdire d'aimer en me persécutant, j'ai toujours la possibilité de pardonner à mes ennemis, et de transformer la situation d'oppression en amour plus grand. Si on veut étouffer ma foi en m'ôtant la vie, ma mort devient la plus belle confession de foi qu'on puisse concevoir ! L'amour, et lui seul, est capable de vaincre le mal par le bien, et de tirer du mal un bien.

---

14. Rm 8, 26.
15. Rm 8, 38-39.

Tous les chapitres suivants de cet ouvrage voudraient être, de différents points de vue, une illustration de cette vérité si précieuse, car celui qui la comprend et la met en pratique parvient à une souveraine liberté. La croissance dans la foi, l'espérance et l'amour est la seule voie d'accès à la liberté.

Avant d'approfondir cela, examinons un point important concernant les différentes modalités selon lesquelles la liberté peut concrètement s'exercer.

La liberté en acte : choisir ou consentir ?

A cause de la vision erronée de la liberté que nous avons évoquée plus haut, on estime souvent que le seul véritable exercice de la liberté consiste à choisir entre différentes possibilités celle qui convient le mieux. On pense alors que plus l'éventail des choix est grand, plus on est libre. La mesure de notre liberté serait proportionnelle à l'amplitude de cet éventail des options possibles.

Cette notion de liberté, qui conduit bien vite à des impasses et des contradictions, est pourtant inconsciemment très présente. On voudrait, dans toutes les situations de la vie, « avoir le choix ». Choix de son lieu de vacances, de son métier, choix du nombre de ses enfants, bientôt de leur sexe et de la couleur de leurs yeux ? Nous rêvons que la vie soit comme une sorte d'immense supermarché, où chaque étalage présenterait un vaste assortiment de possibilités, où l'on pourrait à son aise et sans contrainte prendre ce qui plaît et laisser le reste... Pour prendre une autre image bien actuelle, on voudrait choisir sa vie comme une tenue vestimentaire dans un épais catalogue de vente par correspondance.

Que l'usage de notre liberté nous amène souvent à opter entre différentes possibilités, c'est bien vrai, et c'est une bonne chose. Mais il serait parfaitement irréaliste de tout voir sous cet angle. Il y a une multitude d'aspects absolument fondamentaux de notre vie que nous ne choisissons pas : notre sexe, nos parents, la couleur de nos yeux, notre caractère, notre langue maternelle. Les éléments de l'existence que nous choisissons sont d'une importance bien moindre que ceux que nous ne choisissons pas.

De plus, si au moment de l'adolescence, la vie peut se présenter devant nous comme un éventail largement ouvert de possibilités entres lesquelles choisir, on ne peut que reconnaître que cet éventail va se fermer au fil des ans... Il faut bien faire des choix, et une fois que ceux-ci sont posés, ils réduisent d'autant les possibilités qui restent. Se marier, c'est choisir une femme, et donc exclure toutes les autres. Entre parenthèses, on peut d'ailleurs se demander si on choisit vraiment la femme avec qui l'on se marie : le plus souvent on se marie avec celle dont on tombe amoureux, ce qui n'est pas vraiment un choix, comme l'expression « tomber » l'indique bien ! Mais ce n'est pas plus mal…

Il m'arrive de dire en plaisantant que le choix du célibat pour le Royaume et le choix du mariage chrétien sont en fin de compte très proches, car si le célibataire choisit de renoncer à toutes les femmes, celui qui se marie renonce à toutes les femmes moins une ; ce qui, vu le nombre, ne fait pas une différence énorme !

Plus on avance en âge, moins on dispose de possibilités de choisir : « *En vérité, en vérité, je te le dis, quand tu étais jeune, tu mettais toi-même ta ceinture, et tu allais où tu voulais ; quand tu auras vieilli, tu étendras les mains, et un autre te ceindra et te mènera où tu ne voudrais pas* »[16]. Que reste-t-il alors de notre liberté, si notre vision est celle de la « liberté de supermarché » décrite plus haut ?

Cette fausse conception de la liberté a des répercussions profondes sur le comportement des jeunes d'aujourd'hui. L'attitude face au mariage ou à d'autres formes d'engagement est significative : on retarde les choix définitifs, car chacun d'eux est perçu comme une perte de sa liberté. Résultat : on n'ose pas se décider, donc on ne vit pas ! Et c'est alors la vie qui choisit pour vous, car le temps passe, inéluctable...

Etre libre, c'est aussi consentir à ce que l'on n'a pas choisi

Si l'exercice de la liberté comme choix entre différents possibles a bien sûr son importance, il est capital cependant, sous peine de s'exposer à de douloureuses désillusions, de comprendre qu'il existe aussi une autre manière d'exercer sa liberté, moins exaltante de prime abord, plus pauvre, plus humble, mais bien plus courante en fin de compte, et qui est d'une fécondité humaine et spirituelle

16. Jn 21, 18.

immense : non seulement *choisir*, mais aussi *consentir à ce que nous n'avons pas choisi.*

Nous voudrions mettre en évidence combien cette forme d'exercice de la liberté est importante. L'acte le plus haut et le plus fécond de la liberté humaine réside davantage dans l'accueil que dans la domination. L'homme manifeste la grandeur de sa liberté quand il transforme la réalité, mais plus encore quand il l'accueille avec confiance telle qu'elle lui est donnée jour après jour.

Il est naturel et facile d'accueillir ces situations qui, sans que nous les ayons choisies, se présentent dans notre vie sous un aspect agréable et plaisant. Le problème se pose évidemment face à tout ce qui nous déplaît, nous contrarie, nous fait souffrir. Mais c'est justement dans ces domaines que nous sommes souvent appelés, pour devenir vraiment libres, à « choisir » ce que nous n'avons pas voulu, et dont parfois même nous n'aurions voulu à aucun prix. Il y a là une loi paradoxale de l'existence : on ne peut devenir vraiment libre que si on accepte de ne pas toujours l'être !

Voici donc le point que nous allons développer maintenant, et qui est d'une grande importance : qui veut accéder à une vraie liberté intérieure doit s'entraîner à accepter paisiblement et de bon gré bien des choses qui semblent contredire sa liberté. Consentir à ses limites personnelles, ses fragilités, ses impuissances, à telle ou telle situation que la vie lui impose, etc. Nous avons du mal à le faire, car nous avons spontanément horreur des sitations dont nous n'avons pas le contrôle. Mais la vérité est celle-ci : *les situations qui nous font vraiment grandir sont justement celles que nous ne maîtri-*

sons pas.[17] Nous en donnerons beaucoup d'exemples concrets.

Révolte, résignation, consentement

Avant d'aller plus loin, il est bon de faire une précision de langage. Face à ce qui dans notre vie, notre personne, notre situation nous déplaît et que nous estimons négatif, il y a trois attitudes possibles.

La première est celle de la *révolte* : par exemple je ne m'accepte pas tel que je suis, je me révolte contre Dieu qui m'a fait ainsi, contre la vie qui a permis tel ou tel événement, contre la société, etc.[18]

La révolte est souvent la première réaction spontanée face à la souffrance. Mais le problème est qu'elle n'a jamais rien résolu, elle ne fait qu'ajouter au mal un autre mal, elle est source de désespoir, de violence et de ressentiment. Un certain romantisme littéraire a pu faire l'apologie du révolté ; il suffit d'un peu de bon sens pour réaliser que rien de grand ni de positif ne s'est jamais construit sur la révolte : elle ne fait qu'augmenter

---

17. « La grande illusion de l'homme est de vouloir maîtriser sa vie... Or la vie est un don qui échappe par sa nature même à toute tentative de la maîtriser. » *Viens vers le Père*, Jean-Claude Sagne, éd. de l'Emmanuel, p. 172.

18. La révolte n'est pas toujours négative, elle peut être une première réaction psychologique inévitable dans certaines situations de brutale souffrance, saine à condition de ne pas s'y enfermer. Il peut aussi y avoir un autre sens positif au mot révolte : le refus d'une situation inadmissible, qui nous fait agir positivement sur cette situation, avec des motivations justes et des moyens légitimes et proportionnés. Nous parlons ici de révolte comme refus du réel.

et propager davantage le mal auquel elle prétend remédier.

A la révolte peut succéder la *résignation* : me rendant compte que je ne peux pas changer telle situation, ou me changer moi-même, je finis par me résigner. La résignation peut représenter un certain progrès par rapport à la révolte, dans la mesure où elle conduit à une attitude moins agressive et plus réaliste. Mais elle est insuffisante. La résignation peut être une vertu philosophique, elle n'est pas une vertu chrétienne. Parce qu'y manque l'espérance. La résignation est un aveu d'impuissance, sans plus. Elle peut être une étape nécessaire, mais si on en reste là, elle est stérile.

L'attitude à laquelle il convient de tendre est celle du *consentement*. Par rapport à la résignation, le consentement amène une tout autre disposition intérieure. Le consentement me fait dire « oui » à une réalité perçue dans un premier temps comme négative, parce que monte en moi le pressentiment que quelque chose de positif peut en jaillir. Il y a donc une perspective d'espérance. Je peux, par exemple, dire oui à ce que je suis malgré mes défaillances parce que je me sais aimé de Dieu. Parce que j'ai confiance qu'à partir de mes pauvretés le Seigneur est capable de faire des choses splendides. Je peux dire oui au réel le plus pauvre et décevant sur le plan humain parce que je crois que « l'amour est si puissant en œuvres qu'il sait tirer profit de tout, du bien et du mal qu'il trouve en moi »[19], pour reprendre l'expression de la Petite Thérèse.

19. Voir *Manuscrit autobiographique A*, 53 recto.

La différence décisive entre la résignation et le consentement vient de ce que dans le consentement, même si la réalité objective dans laquelle je me trouve reste identique, l'attitude du cœur est très différente. Elle est déjà habitée par les vertus de foi, d'espérance et d'amour, à l'état embryonnaire pourrait-on dire. Par exemple, consentir à ma pauvreté, c'est faire confiance à Dieu qui m'a créé tel que je suis. Dans cet acte de consentement, il y a donc de la foi en Dieu, de la confiance envers lui, et donc aussi de l'amour, car faire confiance à quelqu'un c'est déjà l'aimer. A cause de cette présence de la foi, de l'espérance, de la charité, le consentement prend une valeur, une portée et une fécondité très grandes. Car, comme nous ne cesserons de le redire, dès que quelque part il y a de la foi, de l'espérance ou de l'amour, il y a automatiquement disponibilité à la grâce divine, accueil de cette grâce et, tôt ou tard, des effets positifs. La grâce de Dieu n'est jamais vaine là où elle est accueillie, mais toujours extraordinairement féconde.

2. L'acceptation de soi

Dieu est réaliste

Nous allons maintenant évoquer plusieurs domaines de notre vie dans lesquels nous avons à vivre ce cheminement, parfois difficile, qui, de la révolte ou de la résignation nous fait aboutir au consentement, nous amenant en fin de compte à « choisir ce que nous n'avons pas choisi ».

En bonne logique, nous allons commencer par nous-mêmes, et dire quelques mots sur ce lent apprentissage de l'amour de soi, à savoir ce travail nécessaire pour nous accepter pleinement tels que nous sommes.

Remarque préliminaire : le plus important dans notre vie n'est pas tant ce que nous pouvons faire, que de laisser place à l'action de Dieu. Le grand secret de toutes les fécondités et de toutes les croissances spirituelles, c'est d'apprendre à laisser Dieu agir : « *Sans moi, vous ne pouvez rien faire* », dit Jésus. Car l'amour divin est infiniment plus puissant que tout ce que nous pouvons mettre en œuvre par notre propre sagesse ou nos propres forces. Or une des conditions les plus nécessaires pour permettre à la grâce de Dieu d'agir dans notre existence est de dire « oui » à ce que nous sommes, et aux situations qui sont les nôtres.

En effet, Dieu est « réaliste ». La grâce divine n'opère pas dans l'imaginaire, l'idéal, le rêvé. Elle agit dans le réel, dans le concret de l'existence. Même si le tissu dont est faite ma vie de tous les jours ne me paraît pas très glorieux, ce n'est nulle part ailleurs que je pourrai me laisser toucher par la grâce divine. La personne que Dieu aime avec la tendresse d'un Père, qu'il veut rejoindre et transformer par son amour, ce n'est pas la personne que *j'aurais aimé être*, ou que *je devrais être*. C'est *celle que je suis*, tout simplement. Dieu n'a pas d'amour pour des personnes « idéales », pour des êtres « virtuels ». Il n'a d'amour que pour des êtres réels, concrets. Il ne s'intéresse pas aux saints de vitrail, mais aux pécheurs que nous sommes. Nous perdons parfois un temps fou dans notre vie spirituelle à nous plaindre de ne pas être comme ceci ou comme cela, à nous lamenter d'avoir tel défaut ou telle limite, à imaginer tout le bien que nous pourrions faire si, au lieu d'être ce que nous sommes, nous étions quelqu'un de moins blessé, de plus doué de telle ou telle qualité ou vertu et ainsi de suite. Tout cela est du temps et de l'énergie perdus, et ne fait que retarder le travail du Saint-Esprit dans nos cœurs.

Bien souvent, ce qui bloque l'action de la grâce divine dans notre vie, ce sont moins nos péchés ou nos erreurs que ces manques de consentement à notre faiblesse, tous ces refus plus ou moins conscients de ce que nous sommes ou de notre situation concrète. Pour « libérer » la grâce dans notre vie, et pour permettre des changements profonds et spectaculaires, il suffirait parfois de dire simplement « oui », (un oui inspiré par la confiance en Dieu), à des aspects de notre existence face auxquels nous maintenons une position de refus intérieur. Je n'admets pas d'avoir telle pauvreté, telle fragilité, d'avoir été marqué par tel événement passé, d'être tombé dans tel péché et ainsi de suite. Et sans m'en rendre compte, je stérilise l'action de l'Esprit Saint. Celui-ci n'a pleinement prise sur ma réalité que dans la mesure où moi-même je l'accepte : l'Esprit Saint n'agit jamais sans la collaboration de ma liberté. Si je ne m'accueille pas tel que je suis, je ne permets pas à l'Esprit Saint de m'améliorer !

De manière analogue, si je n'accueille pas les autres tels qu'ils sont, (si par exemple je passe mon temps à leur en vouloir de ne pas correspondre à mes attentes), là encore je ne permets pas au Saint-Esprit d'agir positivement dans ma relation avec eux, et de faire de cette relation une occasion de changement pour eux. Nous y reviendrons.

Les attitudes que nous venons de décrire sont stériles, parce qu'elles sont marquées par un « refus du réel », qui s'enracine dans des manques de foi en Dieu et d'espérance, lesquels engendrent des manques d'amour. Tout cela nous ferme à la grâce et paralyse l'action divine.

Désir de changer et consentement à ce que nous sommes

Nous venons d'évoquer la nécessité de « consentir à ce que nous sommes », avec nos pauvretés et nos limites. On pourrait soulever une objection: n'est-ce pas de la passivité, de la paresse? Qu'en est-il alors du désir de grandir, de changer, de se dépasser pour s'améliorer? L'Evangile ne nous invite-t-il pas à la conversion: « *Soyez parfaits comme votre père du Ciel est parfait* [20] »?

Le désir de nous améliorer, de tendre sans cesse à nous dépasser pour grandir en perfection est évidemment indispensable, il est hors de question d'y renoncer: cesser de progresser, c'est cesser de vivre. Celui qui ne désire pas devenir saint ne le deviendra pas. Dieu nous donne en fin de compte ce que nous désirons, ni plus ni moins. Mais, pour devenir saints, il faut nous accepter tels que nous sommes. Les deux attitudes ne sont contradictoires qu'en apparence; elles sont nécessaires toutes les deux, elles se complètent et s'équilibrent: nous devons vivre une acceptation de nos limites, mais

20. Mt 5, 48.

qui ne soit pas une résignation à la médiocrité, et avoir un désir de changement, mais qui ne soit pas un refus plus ou moins conscient de nos limites et une non-acceptation de nous-mêmes.

Le secret, tout simple en vérité, est de comprendre qu'on ne peut transformer de manière féconde le réel que si on commence par l'accepter. Il est aussi d'avoir l'humilité de reconnaître que nous ne pouvons pas nous changer par nos propres forces, mais que tout progrès, toute victoire sur nous-mêmes est un don de la grâce divine. Je n'aurai pas cette grâce de changer si je ne le désire pas, mais il est nécessaire aussi, pour recevoir la grâce qui va me transformer, de m'accueillir moi-même et de m'accepter tel que je suis.

La médiation du regard de l'Autre

Le travail d'acceptation de soi est bien plus difficile qu'il n'y paraît. L'orgueil, la peur de ne pas être aimé, la conviction de notre peu de valeur ont des racines trop profondes en nous. Il suffit de constater combien nous vivons mal nos chutes, nos erreurs, nos échecs, combien ils peuvent nous démoraliser, nous culpabiliser ou nous inquiéter.

Je crois qu'on ne peut véritablement arriver à s'accepter soi-même pleinement que sous le regard de Dieu. Pour nous aimer nous-mêmes, nous avons besoin d'une médiation, du regard de quelqu'un qui nous dit comme le Seigneur le fait par la bouche d'Isaïe : *« Tu comptes beaucoup à mes yeux, tu as du prix et je t'aime »*[21]. Il y a là une expérience

21. Is 53, 4.

humaine bien commune : une jeune fille qui se trouve moche (comme c'est curieusement le cas de beaucoup de jeunes filles, même jolies !) commence à penser qu'elle n'est peut-être pas si affreuse que ça le jour où un jeune homme s'éprend d'elle et pose sur son visage le regard tendre des amoureux !

Nous avons un besoin vital de la médiation du regard de l'autre pour nous aimer et nous accepter nous-mêmes. Ce regard peut être celui d'un parent, d'un ami, d'un père spirituel, mais plus que tout autre il est le regard de Dieu notre Père. Car c'est le regard le plus pur, le plus vrai, le plus tendre, le plus aimant, le plus rempli d'espérance qui existe au monde. Et je crois que le plus grand cadeau que reçoit celui qui cherche le visage de Dieu en persévérant dans la prière est qu'un jour ou l'autre il percevra quelque chose de ce regard divin posé sur lui, il se sentira si tendrement aimé qu'il recevra la grâce de s'accepter lui-même en profondeur.

Ce que nous disons a une conséquence d'importance : quand l'homme se coupe de Dieu, il se prive malheureusement en même temps de toute vraie possibilité de s'aimer lui-même[22]. Inversement, celui qui ne s'aime pas lui-même se coupe de

22. On le voit bien dans l'évolution de la culture moderne. L'homme, se coupant de Dieu, finit par perdre le sens de sa dignité et par se haïr. Il est frappant de constater dans les médias par exemple comme l'humour est de moins en moins un humour de tendresse et de compassion pour devenir un humour de dérision. L'art aussi est souvent incapable de représenter la beauté du visage humain.

Dieu, comme nous l'avons montré plus haut. Dans *le Dialogue des Carmélites* de Bernanos, la vieille prieure adresse les paroles suivantes à le jeune Blanche de la Force : « *Surtout ne vous méprisez jamais. Il est très difficile de se mépriser sans offenser Dieu en nous.* »

Je voudrais conclure ce point en citant ici un petit passage du très beau livre d'Henri Nouwen *Le Retour de l'Enfant prodigue*[23] :

« Pendant longtemps j'ai considéré l'image négative que j'avais de moi comme une vertu. On m'avait mis en garde si souvent contre l'orgueil et la vanité, que j'en étais venu à croire qu'il était bon de me déprécier moi-même. Mais maintenant je réalise que le véritable péché consiste à nier l'amour premier de Dieu pour moi, à ignorer ma bonté originelle. Parce que si je ne m'appuie pas sur cet amour premier et cette bonté originelle, je perds contact avec mon vrai moi et je me détruis. »

Liberté d'être des pécheurs, liberté de devenir des saints

Quand on se découvre ainsi soi-même dans cette lumière du regard de Dieu, ce qui est merveilleux, c'est qu'on éprouve une grande liberté. Une double liberté pourrait-on dire : celle d'être des pécheurs, celle de devenir des saints.

Liberté d'être des pécheurs : je ne veux pas dire évidemment que nous sommes libres de pécher tranquillement et sans conséquences (ce qui ne serait pas de la liberté, mais de l'irresponsabilité),

---

23. éd. Bellarmin, p. 134.

mais je veux dire que nous ne sommes pas écrasés par notre condition de pécheurs, que nous avons en quelque sorte le « droit » d'être pauvres, le droit d'être ce que nous sommes. Dieu connaît nos faiblesses et nos infirmités, mais il ne s'en scandalise pas et ne nous condamne pas. « *Comme est la tendresse d'un père pour ses fils, tendre est le Seigneur pour qui le craint. Il sait de quoi nous sommes pétris, il se souvient que poussière nous sommes* »[24]. Dans le regard qu'il pose sur nous, Dieu nous invite bien sûr à la sainteté, nous stimule à la conversion et au progrès, mais sans jamais provoquer l'angoisse de ne pas y arriver, cette « pression » que l'on ressent parfois sous le regard des autres ou dans la manière dont on se juge soi- même : on n'est jamais assez « bien », jamais assez ceci ou cela, on est en permanence mécontent de soi, on se sent toujours coupable de ne pas correspondre à telle attente ou telle norme. Ce n'est pas parce que nous sommes de pauvres pécheurs que nous devons nous sentir coupables d'exister, comme c'est le cas de beaucoup de personnes, de manière souvent inconsciente. Le regard que Dieu pose sur nous nous autorise pleinement à être nous-mêmes, avec nos limites et nos insuffisances, nous donne « droit à l'erreur » et nous délivre pourrait-on dire de cette sorte de contrainte, de cette obligation dont nous nous sentons parfois prisonniers (obligation qui ne s'origine pas dans la volonté divine mais dans notre psychologie blessée) de devoir être en fin de compte autre chose que ce que nous sommes.

24. Ps 102, 13.

Dans la vie sociale, nous sommes souvent dans une sorte de tension continuelle pour correspondre à ce que les autres attendent de nous (ou ce que nous nous imaginons qu'ils attendent de nous !), qui peut devenir écrasante à la longue. Notre monde a évacué le christianisme, ses dogmes et ses commandements sous le prétexte que c'est une religion culpabilisante, et on n'a jamais été aussi culpabilisé qu'aujourd'hui : toutes les filles sont plus ou moins coupables de ne pas être aussi belles que la dernière top-modèle en vogue, les hommes de ne pas réussir aussi bien que le patron de Microsoft, etc. Les modèles de réussite que véhicule la culture contemporaine sont bien plus lourds et écrasants que l'appel à la perfection que nous adresse Jésus, lui qui nous dit dans l'Evangile : *« Venez à moi, vous tous qui peinez et ployez sous le fardeau, et moi je vous soulagerai. Chargez-vous de mon joug et mettez-vous à mon école, car je suis doux et humble de cœur, et vous trouverez le repos pour vos âmes. Oui, mon joug est aisé et mon fardeau léger »*[25].

Sous le regard de Dieu nous sommes délivrés de cette contrainte d'être « les meilleurs », d'être de perpétuels « gagnants » ; nous pouvons vivre comme une profonde détente, car nous n'avons pas à faire des efforts continuels pour nous montrer sous un jour favorable, et dépenser une énergie prodigieuse à faire semblant d'être ce que nous ne sommes pas : nous pouvons tout simplement être ce que nous sommes, ni plus ni moins. Il n'y a

25. Mt 11, 28-30.

pas de meilleur « relaxation » que celle-là : nous reposer comme de petits enfants pauvres dans la tendresse du Père qui nous aime tels que nous sommes.

Nous avons tant de difficultés à accepter nos pauvretés car nous avons le sentiment qu'elles nous interdisent l'amour : comme nous sommes déficients sur tel ou tel point, nous ne méritons pas d'être aimés. Vivre sous le regard de Dieu nous fait percevoir que cette idée est fausse : l'amour est gratuit, ne se mérite pas, nos pauvretés n'empêchent en rien Dieu de nous aimer, au contraire ! Nous sommes libérés de ce terrible et désespérant devoir : devenir quelqu'un de bien pour mériter enfin d'être aimé.

Mais, tout en nous « autorisant » à être nous-mêmes, à être de pauvres pécheurs, le regard de Dieu nous permet aussi toutes les audaces dans l'élan vers la sainteté : nous avons le droit d'aspirer aux cimes, de désirer la sainteté la plus haute, car Dieu veut et peut nous l'accorder. Nous ne sommes jamais enfermés dans notre médiocrité, ni contraints à une morne résignation, mais toujours nous avons cette espérance de progresser dans l'amour. Dieu est capable de faire du pécheur que je suis un saint, sa grâce peut accomplir ce miracle, je peux avoir une foi sans limite dans la puissance de son amour. La personne qui tombe tous les jours, et malgré cela se relève en disant : « Seigneur je te remercie car je suis sûr que tu feras de moi un saint ! » fait un immense plaisir à Dieu, et recevra tôt ou tard de lui ce qu'elle attend.

L'attitude juste face à Dieu est donc celle-ci : à la fois une acceptation très paisible, très

« détendue » de nous-mêmes et de nos infirmités, et en même temps un immense désir de sainteté, une forte détermination à progresser, fondés sur une confiance sans limite dans le pouvoir de la grâce divine. Cette double attitude me semble bien exprimée dans le passage suivant, extrait du journal spirituel de sainte Faustine :

> « Je désire vous aimer plus que personne ne vous a jamais aimé. Et, malgré ma misère et ma petitesse, j'ai ancré ma confiance à une grande profondeur dans le gouffre de votre miséricorde, mon Dieu et mon créateur ! Malgré ma grande misère, je n'ai peur de rien mais je garde l'espoir de chanter éternellement mon chant de louange. Que nulle âme ne doute, même si elle est la plus misérable, et tant qu'elle est en vie, de pouvoir devenir une grande sainte. Car grande est la puissance de la grâce divine »[26].

« Croyances limitantes » et interdits

Ce que nous venons de dire permet d'éviter une fausse compréhension de l'acceptation de soi et de ses pauvretés. Elle ne consiste pas à nous enfermer dans des limites que nous croyons telles et qui ne le sont pas en réalité, comme cela est fréquent. A cause de nos blessures, de l'éducation (la personne qui nous a dit : tu n'y arriveras pas, tu ne feras jamais rien de bon et ainsi de suite), à cause de certains échecs, à cause aussi de notre manque de confiance en Dieu, nous avons une forte pro-

26. Sœur Faustine, *op. cit.* p. 140.

pension à porter inscrites en nous tout un ensemble de « croyances limitantes », des convictions qui ne correspondent à rien de réel et selon lesquelles nous sommes persuadés que nous ne serons jamais capables de faire ceci ou cela, d'affronter telle ou telle situation. Les exemples sont innombrables : « Je n'y arriverai pas, je ne m'en sortirai jamais, j'en suis incapable, ça sera toujours pareil... » De telles affirmations n'ont rien à voir avec le consentement à nos limites que nous évoquons dans ce chapitre ; elles sont le fruit de notre histoire blessée, de nos peurs, de nos manques de confiance en nous-même et en Dieu, et il convient au contraire de les débusquer et de ne pas y adhérer. S'accepter soi-même signifie s'accueillir dans ses pauvretés mais aussi dans ses richesses, et donc permettre à toutes nos possibilités légitimes et nos capacités réelles de s'épanouir. Avant donc de m'exprimer de la sorte : je ne peux pas faire ceci ou cela, il convient de discerner si cette assertion est le fruit d'un sain réalisme spirituel ou une conviction de nature seulement psychologique dont il convient de guérir.

Nous avons parfois aussi tendance à nous interdire telle ou telle saine aspiration, telle forme de réalisation de nous-mêmes, tel bonheur légitime, à cause de mécanismes psychologiques inconscients selon lesquels, nous considérant comme coupables, nous nous interdisons le bonheur. Ceci peut aussi provenir parfois d'une fausse représentation de la volonté divine, qui serait systématiquement de nous priver de ce qu'il y a de bon dans l'existence ! En tout cas cela n'a rien à voir avec le réalisme spirituel et l'acceptation des limites dont nous parlons. Dieu nous appelle parfois à des sacrifices et renoncements, mais il est tout aussi vrai qu'il nous libère des craintes et des fausses culpabilités qui nous emprisonnent, nous restaurant ainsi dans la liberté d'accueillir pleinement ce que dans sa sagesse il désire nous donner de bon et de gratifiant, pour nous encourager et nous manifester sa tendresse.

En tout état de cause, s'il est un domaine dans lequel rien ne nous sera jamais interdit, c'est bien celui de la sainteté. A condition cependant de ne pas confondre la sainteté avec ce qu'elle n'est pas : perfection extérieure, héroïsme, impeccabilité, etc. Mais si nous comprenons la sainteté selon ce qu'elle est, à savoir la possibilité de grandir indéfiniment dans l'amour de Dieu et de nos frères, soyons convaincus que dans ce domaine rien ne nous sera inaccessible. Il nous suffit de ne jamais nous décourager et de ne pas résister à l'action de la grâce divine en lui faisant une entière confiance.

Nous n'avons pas tous l'étoffe d'un savant ou d'un héros mais, par grâce divine, nous avons tous l'étoffe d'un saint : c'est la robe baptismale que nous avons revêtue en recevant le sacrement qui a fait de nous des enfants de Dieu.

S'accepter soi-même pour accepter les autres

Faisons une autre remarque : il y a un lien profond et à double sens entre acceptation de soi et acceptation des autres. L'une favorise l'autre.

Souvent nous n'arrivons pas à accepter les autres parce que dans le fond nous ne nous acceptons pas nous-mêmes. Celui qui n'est pas en paix avec soi-même sera nécessairement en guerre avec les autres. La non-acceptation de soi crée une tension intérieure, une insatisfaction, une frustration que nous reportons souvent sur les autres, qui deviennent les boucs émissaires de nos conflits intérieurs. Un petit exemple : quand nous sommes de mauvaise humeur à l'égard de l'entourage, c'est bien souvent parce que nous sommes mécontents de nous-mêmes. Et nous le faisons payer aux autres ! Etty Hillesum écrit : « Je commence à me rendre compte que lorsque l'on a de l'aversion pour son prochain, on doit en chercher la racine dans le dégoût de soi-même : aime ton prochain comme toi-même » [27].

Inversement, l'homme qui ferme son cœur aux autres, qui ne fait aucun effort pour les aimer tels qu'ils sont, qui ne sait pas se réconcilier avec eux, celui-là n'aura jamais non plus la grâce de vivre cette profonde réconciliation avec soi-même dont nous avons tous besoin. En effet nous finissons toujours par être nous-mêmes les victimes de nos étroitesses de cœur envers le prochain, de nos jugements et de nos duretés.[28]

3. L'acceptation de la souffrance

Consentir aux contrariétés

Après avoir parlé de l'acceptation de soi, nous voudrions maintenant évoquer l'acceptation des évènements. Le « principe fondamental » est le

27. Etty Hillesum, *op.cit.* p. 81.
28. Nous reviendrons plus loin sur ce point important.

même : nous ne pouvons changer efficacement notre vie que si nous commençons par l'accueillir intégralement, et donc par consentir à tous les évènements extérieurs auxquels nous sommes confrontés.

Il n'est pas difficile évidemment de consentir à ce que nous percevons comme bon, gratifiant, positif. C'est plus ardu quand il s'agit de difficultés et souffrances de tous ordres. Nous allons en parler maintenant, en désignant toutes ces réalités perçues comme négatives par le terme de « contrariétés ».

Le sujet est un peu délicat. Il ne s'agit pas de devenir passif et de tout « gober » sans réagir. Mais nous faisons tous l'expérience que, quels que soient nos projets, notre bonne planification, il y a bien des situations que nous ne pouvons pas maîtriser, et donc une multitude d'évènements contraires à nos prévisions, à nos aspirations, à nos désirs qui se produisent, et que nous sommes bien obligés d'accepter.

Ce qui me semble important, c'est de ne pas se contenter de les accepter en maugréant, mais d'y consentir vraiment. Non les subir, mais en un certain sens les « choisir », (même si de fait il n'y a pas le choix, et c'est bien ce qui nous contrarie !). Choisir signifie ici poser un acte de notre liberté qui nous fait non seulement nous résigner mais aussi accueillir positivement la chose. Cela n'est pas facile, surtout s'il s'agit d'épreuves douloureuses, mais c'est la bonne méthode, et nous devons chercher à la mettre en œuvre le plus possible, dans une attitude de foi et d'espérance. Si nous avons assez de foi en Dieu pour croire qu'il est capable de tirer un bien de tout ce qui nous arrive, il le fera : « *Qu'il t'advienne selon ta foi* », dit à maintes reprises Jésus dans l'Evangile.

C'est une vérité absolument fondamentale : Dieu est capable de tirer profit de tout, du bien comme du mal, du positif comme du négatif. C'est en cela qu'il est Dieu, et qu'il est le « *Père tout-puissant* » que nous confessons dans le Credo. Tirer un bien du bien, ce n'est pas difficile, tout le monde en est capable. Seul Dieu, dans sa toute-puissance, son amour et sa sagesse, est en mesure de tirer un bien même du mal. Comment ? Il ne nous appartient pas de le démontrer ni de l'expliquer entièrement (aucune philosophie ni aucune réflexion théologique n'en est pleinement capable), mais il nous appartient de le croire, en nous basant sur les paroles de l'Ecriture qui nous invitent à une telle confiance : « *Tout concourt au bien de ceux qui aiment Dieu* »[29]. Si nous le croyons, nous en ferons l'expérience. La Petite Thérèse de Lisieux, relisant son existence quelques jours avant sa mort a dit : « Tout est grâce ».

Nous voudrions faire maintenant quelques réflexions sur ce point, de manière à nous aider à entrer dans cette attitude de foi et d'espérance face à toute difficulté.

La souffrance qui fait le plus mal, c'est celle que l'on refuse

Il faut bien réaliser une chose : quand nous sommes dans une situation de souffrance, ce qui nous fait le plus mal, c'est moins la souffrance en

29. Rm 8, 28.

tant que telle que notre refus de cette souffrance. A la douleur elle-même, nous ajoutons en effet alors un autre tourment: celui de notre refus, de notre révolte, du ressentiment, des inquiétudes que cette souffrance provoque en nous. Il y a en nous comme une tension faite de raidissement, de non-acceptation de la souffrance, qui ne fait qu'augmenter celle-ci. Tandis que, lorsque nous avons la grâce d'accepter une souffrance et d'y consentir, elle est du coup bien moins douloureuse. « Une souffrance paisible n'est plus une souffrance », disait le curé d'Ars.

Quand une douleur nous atteint, il est évidemment normal d'y remédier autant que possible. Si j'ai mal à la tête, il faut que je prenne une aspirine si cela peut me soulager. Mais il y aura toujours des souffrances sans remèdes, il convient de s'efforcer alors de les accepter paisiblement. Ce n'est pas du masochisme ou du dolorisme, c'est tout le contraire: en effet le consentement à une souffrance rend celle-ci beaucoup plus supportable que la crispation dans un refus. Cela est vrai au plan physique: celui qui prend un coup dans une attitude durcie et tendue se fait plus mal que celui qui le reçoit avec souplesse. Vouloir à tout prix éliminer une souffrance crée parfois des souffrances ultérieures bien plus lourdes à porter. Je suis très frappé de voir combien, dans la vie de tous les jours, à cause de la mentalité hédoniste de notre société pour laquelle toute souffrance est un mal et doit être évitée à tout prix, on se rend malheureux. Celui qui prend comme ligne de conduite habituelle de fuir toute douleur, de n'accepter que ce qui est gratifiant et confortable et de refuser le reste, se chargera tôt ou tard de croix bien plus lourdes que celui qui s'efforce de consentir de bon gré aux souffrances qu'il n'est pas réaliste de vouloir éliminer.

Dans l'adhésion à la souffrance, nous trouvons une force. L'Ecriture ne parle-t-elle pas du *« pain des larmes »*[30] ? Dieu est fidèle et donne toujours la force nécessaire pour assumer, jour après jour, ce qui est lourd et difficile dans notre vie. Etty Hillesum dit : « Toujours, dès que je me montrais prête à les affronter, les épreuves se sont changées en beauté »[31].

Par contre, nous n'avons pas la même grâce pour porter les souffrances supplémentaires que nous nous procurons à nous-mêmes par notre refus de consentir aux épreuves normales de la vie.

Ajoutons une chose : *le véritable mal, ce n'est pas tant la souffrance que la peur de la souffrance.* Si nous l'accueillons dans la confiance et la paix, la souffrance nous fait grandir, elle nous éduque, nous purifie, nous apprend à aimer de manière désintéressée, nous rend pauvres, humbles, doux et compatissants envers le prochain. La peur de la souffrance, par contre, nous durcit, nous raidit dans des attitudes protectrices et défensives, et nous conduit bien souvent à des choix irrationnels, dont les conséquences sont néfastes. « Les pires souffrances de l'homme, ce sont celles qu'il redoute » dit Etty Hillesum.[32] La mauvaise souffrance, ce n'est pas la souffrance vécue, c'est la souffrance

30. Ps 80, 6.
31. Etty Hillesum, *op. cit* p.199.
32. *Op. cit.* p. 230.

représentée, celle qui envahit l'imagination et nous met dans des attitudes fausses. Ce qui fait problème ce n'est pas la réalité (qui est foncièrement positive, même avec sa part de douleur), mais notre représentation de la réalité.

Refuser de souffrir, c'est refuser de vivre

La culture ambiante, par la publicité et les médias, ne cesse de nous seriner son « évangile » : prends comme règle de vie de fuir la douleur à tout prix et de ne rechercher que le plaisir. Elle oublie de dire une chose : il n'y a pas de moyen plus sûr de se rendre malheureux que d'adopter ce principe de conduite. Je ne veux pas faire l'apologie de la souffrance : elle est à soulager autant que possible. Mais elle fait partie de la vie : vouloir l'éliminer complètement, c'est supprimer la vie elle-même. Refuser de souffrir c'est refuser de vivre, et en fin de compte refuser ce que la vie peut nous apporter de beau et de bon. « *Celui qui veut sauver sa vie la perdra, et celui qui accepte de la perdre la sauvera* » nous dit Jésus, et cet évangile-là est plus fiable que celui de la publicité. Je n'ai rien évidemment contre le plaisir, qui est une chose bonne, et qui, lui aussi, fait partie de la vie. S'il n'y avait pas de plaisir, on ne pourrait pas « faire plaisir », ce qui est la manière la plus normale de manifester à quelqu'un qu'on l'aime ![33] Mais je suis très frappé de constater dans le comportement de beaucoup de personnes combien fréquemment, en fuyant

33. Le plaisir est bon, mais il n'est pas fait pour être « pris » égoïstement, il est fait pour être donné et accueilli.

une petite souffrance (normale, et qui serait à assumer) on s'en inflige de bien plus grandes. J'ai vu par exemple des parents se désoler pendant des années, tout simplement parce qu'ils n'avaient pas accepté la vocation d'un de leurs enfants. On refuse la souffrance d'une séparation, d'un choix différent de celui qu'on avait espéré, et on s'inflige ainsi des années de tourments. Les exemples seraient innombrables. Cela pour dire que l'acceptation de la souffrance et du sacrifice (quand ils sont légitimes bien sûr) n'est pas une attitude masochiste et suicidaire, c'est tout le contraire. En acceptant les souffrances qui sont « proposées » par la vie et permises par Dieu pour notre progrès et notre purification, on s'en épargne de plus lourdes. Il faut entrer dans un réalisme : cesser une bonne fois pour toutes de rêver d'une vie sans douleur et sans combats. Ce sera pour le Paradis, mais ce n'est pas pour la terre. Il faut prendre courageusement et chaque jour sa croix à la suite du Christ, et l'amertume de celle-ci se transformera tôt ou tard en une grande douceur.

Nous devons donc être attentifs à nos attitudes intérieures, dont les conséquences à long terme sont plus importantes qu'il ne semble. Quand on est confronté à la souffrance quotidienne, au « poids du jour et de la chaleur », à la fatigue, il faut éviter d'être tout le temps en train de pester intérieurement ou de se dire : vivement que ça passe, et rêver en permanence d'une vie qui serait autre, mais il convient de l'accepter vraiment. La vie est bonne et belle telle qu'elle est, y compris avec son poids de douleur. Quand Dieu a créé l'homme et la femme, il a déposé sur toute vie humaine une immense bénédiction, laquelle n'a jamais été retirée malgré le péché et son cortège de souffrances, car « *les dons et l'appel de Dieu sont irrévocables* »[34], surtout le premier don et le premier appel qui est celui de la vie. Toute existence, même soumise à la douleur, est infiniment bénie et précieuse.

Cette attitude nous met dans le réel et économise beaucoup d'énergie, celle que nous perdons à nous plaindre, à exiger que les choses soient différentes, à rêver l'impossible, etc. Elle est d'autant plus légitime qu'en tant que chrétiens, nous sommes certains qu'une éternité de bonheur nous attend : « *Un bonheur sans fin illuminera leur visage* »[35], nous n'avons donc aucune raison valable de nous plaindre des difficultés de cette vie. Gardons dans notre cœur les paroles de saint Paul qui nous assure que « *la légère tribulation d'un instant nous prépare, jusqu'à l'excès, une masse éternelle de gloire* »[36].

Il n'y a pas que du mal dans le mal : le côté positif des contrariétés

Il faut bien aussi admettre que les contrariétés, pour pénibles qu'elles soient, n'ont pas que des inconvénients ; elles ont même souvent beaucoup d'avantages.

Le premier est qu'elles nous empêchent d'être propriétaires de notre vie, de notre temps. Elles

34. Rm 11, 29.
35. Ap 22, 5.
36. 2 Co 5, 17.

nous évitent de nous laisser enfermer dans nos programmes, nos planifications, notre sagesse personnelle. La vraie prison qui nous enserre, et dont nous devons absolument être libérés, c'est nous-mêmes: notre étroitesse de cœur et de jugement. «*Autant le ciel est élevé au-dessus de la terre, autant les pensées de Dieu dépassent nos pensées*», dit l'Ecriture.[37] La pire chose qui pourrait nous arriver dans la vie, ce serait que tout aille selon nos vues. Ce serait la fin de toute croissance. Pour que nous puissions entrer peu à peu dans la sagesse divine, qui est infiniment plus belle, plus riche, plus féconde, plus miséricordieuse que la nôtre[38], il faut bien que notre sagesse humaine soit sérieusement bousculée. Non pour être anéantie, mais pour être élevée et purifiée, et ne pas rester prisonnière de ses propres limites, car elle est toujours marquée par une certaine part d'égoïsme et d'orgueil, des manques de foi et d'amour plus ou moins conscients. Il y a en nous beaucoup d'étroitesses de cœur et de jugement qui doivent être guéries pour que nous puissions progressivement accueillir la sagesse divine, et vivre un renouvellement en profondeur et un élargissement de nos mentalités. Le péché est étroitesse, alors que la sainteté est dilatation de l'esprit et grandeur d'âme.

37. Is 55, 8-9.
38. Voir l'hymne à la sagesse divine de Rm 11, 33-36.

De la maîtrise à l'abandon : la purification de l'intelligence

Dans une situation d'épreuve, ce qui nous est souvent le plus difficile, ce n'est pas tant de souffrir que de ne pas savoir pourquoi. La douleur en elle-même est parfois moins éprouvante que le fait de ne pas comprendre quel sens elle peut avoir. La pire épreuve est celle de l'intelligence, quand elle se heurte à des « pourquoi » sans réponse. Au contraire quand l'intelligence est satisfaite, la douleur est beaucoup plus facile à accueillir et à supporter : même si le médecin me fait mal en me soignant, je ne vais pas l'agresser car je comprends très bien qu'il le fait pour me guérir.

Ceci mérite une petite réflexion sur le rôle de l'intelligence dans la vie spirituelle.

Comme toutes les facultés dont Dieu nous a dotés, l'intelligence est profondément bonne et utile. Il y a en l'homme une soif de vérité, un besoin de comprendre avec la raison, qui font partie de sa dignité et de sa grandeur. Mépriser l'intelligence, ses possibilités, son rôle dans la vie humaine et spirituelle ne serait pas juste.[39] La foi ne peut pas se passer de la raison ; et il n'y a rien de plus beau que cette possibilité donnée à l'homme de coopérer à l'œuvre de Dieu par sa liberté, son entendement, et toutes ses autres facultés. Ces moments de notre vie où l'intelligence saisit ce que Dieu fait, ce à quoi il nous appelle, quelle est sa pédagogie pour nous faire grandir, sont très

---

39. L'encyclique du Saint-Père Jean-Paul II, *Foi et Raison* nous l'a rappelé.

positifs car ils nous permettent d'apporter au travail de la grâce divine toute notre coopération. Cela est tout à fait dans l'ordre des choses voulues par Dieu, qui n'a pas fait de nous des marionnettes mais des personnes libres et responsables, appelées à donner à son amour le consentement de leur intelligence et l'adhésion de leur liberté. Il est donc bon et légitime de vouloir comprendre le sens de tout ce que nous vivons.

Mais il faut bien reconnaître que notre besoin si impérieux de tout comprendre comporte des ambiguïtés et a besoin d'être purifié. En effet, le désir de comprendre peut être inspiré par des motivations plus ou moins conscientes qui ne sont pas toujours justes. Il y a un désir de comprendre qui est soif de connaître la vérité pour l'accueillir et y conformer sa vie, ce qui est absolument légitime. Mais il y a aussi un désir de comprendre qui est volonté de puissance : comprendre, c'est dominer, saisir, être le maître de la situation. Tout ce qu'il y a ainsi en nous de désir de domination, d'instinct de propriété, peut alimenter inconsciemment le besoin de comprendre.

Ce dernier peut aussi provenir d'une autre source qui elle non plus n'est pas pure : notre fond d'insécurité. Comprendre c'est se rassurer, se sécuriser par le sentiment que, puisqu'on a compris, on sera en mesure de contrôler la situation. Mais c'est une sécurité humaine, fragile, décevante, qui pourra toujours être mise en échec un jour ou l'autre. Alors que la seule véritable sécurité que nous ayons en cette vie, ce n'est pas notre capacité à contrôler par l'intelligence les évènements ni à les prévoir, mais la certitude que Dieu est fidèle et ne pourra jamais nous abandonner, car sa tendresse de Père est irrévocable.

Dans une situation d'épreuve, notre besoin de comprendre ce qui se passe est parfois tout simplement l'expression de notre incapacité à nous abandonner à Dieu avec confiance, et la recherche de sécurités humaines. Or nous devons absolument être purifiés de cela. Ne jouira d'une pleine liberté intérieure que celui sait progressivement s'affranchir du besoin de s'appuyer sur des sécurités humaines en expérimentant que c'est Dieu seul son «*rocher*», selon l'image de l'Ecriture.

Pour que notre intelligence soit ainsi débarrassée des deux principaux défauts que nous venons de décrire (volonté de dominer, besoin de s'autosécuriser par manque d'abandon), il est nécessaire que nous traversions certaines phases dans notre vie (et ce sont sans doute les plus pénibles) où, quels que soient nos efforts de réflexion, nous restons incapables de comprendre le pourquoi de ce qui nous arrive. C'est très douloureux car comme je l'ai déjà dit, une épreuve dont on saisit le sens est facile à accepter, par contre quand l'intelligence est comme perdue dans la nuit, c'est tout autre chose.

Il y a des périodes de l'existence où il nous faut à tout prix chercher à comprendre ce que nous vivons, (par la réflexion, la prière, en sollicitant le conseil de personnes avisées), car c'est grâce à cette lumière et en collaborant à ce que nous avons compris que nous progresserons. Mais il y a aussi des moments où il faut renoncer à déchiffrer, car c'est le temps non plus d'agir mais de s'abandonner à Dieu avec une confiance aveugle. La lumière viendra plus tard : « *Ce que je fais tu ne le sais pas à présent, par la suite tu comprendras* » dit Jésus à Pierre.[40] Chercher à tout prix à comprendre nous ferait alors plus de mal que de bien, augmenterait la souffrance au lieu de l'apaiser, ne ferait qu'exacerber nos doutes, nos insécurités, nos peurs, nos interrogations sans leur donner de réponse. Il ne s'agit plus de satisfaire l'intelligence en trouvant une réponse, mais de poser des actes de foi et de s'abandonner à Dieu. La seule chose qui puisse nous calmer, ce n'est pas d'avoir la réponse à nos questions, mais c'est la prière humble et confiante, l'attitude ainsi exprimée par le prophète Jérémie : « *Il est bon d'attendre en silence le salut du Seigneur* » [41].

Compréhension de la volonté divine

A cause de ce besoin de nous sécuriser, nous aimerions en particulier être toujours sûrs de faire la volonté de Dieu. Il est normal évidemment d'avoir en nous ce désir de connaître la volonté divine pour nous y conformer. Si nous la cherchons avec un cœur sincère, nous aurons habituellement la lumière qui nous permettra de la comprendre. Mais il faut savoir qu'il n'en est pas toujours ainsi. Même si nous mettons en œuvre tout ce qu'il faut pour connaître la volonté de Dieu dans telle ou telle situation (par la prière, la réflexion, l'accompagnement spirituel), nous n'aurons pas toujours de réponse bien claire, ou au moins pas tout de

40. Jn 13, 7.
41. Lm 3, 26.

suite. Pour deux raisons : d'abord parce que Dieu nous traite en adultes, et qu'il y a bien des situations où il désire simplement que nous décidions par nous-mêmes. Ensuite dans un but de purification : si nous étions toujours certains de faire la volonté divine et d'être dans le vrai, nous arriverions vite à une présomption qui serait dangereuse, et qui tournerait facilement en orgueil spirituel. Le fait de ne pas être toujours absolument sûrs de faire la volonté divine est une pauvreté douloureuse, mais qui nous protège : elle nous garde petits et humbles, en constante recherche, elle nous évite de nous appuyer sur nous-mêmes, et d'être dans une sorte de fausse sécurité qui nous dispenserait de l'abandon.

Dans ce genre de situations de « flou » quant à la volonté divine, il est aussi très important de me dire la chose suivante : même s'il y a certains aspects de la volonté divine qui m'échappent, il y en a toujours d'autres que je connais avec certitude et dans lesquels je peux m'investir sans aucun risque de me tromper, et en sachant que cet investissement est « payant » : accomplir mon devoir d'état actuel, vivre les points essentiels de toute vocation chrétienne. Parfois nous tombons dans le défaut suivant, qu'il est nécessaire de reconnaître et d'éviter : étant dans l'obscurité au sujet de la volonté divine pour des affaires importantes (par exemple un choix de vocation future, ou une décision grave), je passe mon temps en interrogations ou j'entretiens un certain découragement qui fait que je ne m'investis pas suffisamment dans ce qui est pour moi la volonté divine au quotidien : prier fidèlement, rester dans la confiance, aimer les personnes que je fréquente actuellement. Quand on n'a pas de réponses pour l'avenir, le meilleur moyen de se préparer à les recevoir est de vivre à plein l'aujourd'hui.

Ma vie, nul ne la prend mais c'est moi qui la donne

Il convient de nous entraîner, comme nous l'avons dit plus haut, non pas seulement à *subir* les contrariétés, mais en un certain sens à les *choisir.* Ce qui ne veut pas dire les provoquer à plaisir ! Mais, quand elles se présentent, les accueillir de bon cœur, par un acte positif de notre liberté, qui nous fait passer (et le plus vite sera le mieux !) de la réaction plus ou moins violente de dépit à un acquiescement fondé sur la confiance.

Thérèse de Lisieux, comme chacun d'entre nous, n'aimait pas trop être dérangée. On lui confiait parfois une tâche qui demandait une certaine application (peindre ou rédiger une pièce de théâtre pour la communauté) ; elle avait peu de temps à sa disposition dans l'horaire très serré du Carmel. Quand enfin elle avait la possibilité d'avoir une heure ou deux devant elle pour s'acquitter de ce travail, elle se mettait dans l'état d'esprit suivant : je *choisis* d'être dérangée. Si une brave sœur venait alors la solliciter pendant son travail pour un service quelconque, au lieu de l'éconduire sèchement, Thérèse s'efforçait de l'accueillir de bon gré : c'est ce qu'elle avait choisi. Et si personne ne venait la déranger, alors elle considérait cela comme un beau cadeau du bon Dieu, et en était toute reconnaissante. Ainsi quoiqu'il arrive, Thérèse vivait les choses paisiblement, et n'était jamais contrariée : en tout elle trouvait le moyen de faire sa volonté, puisque sa volonté était de tout accepter...

Quand nous avons des combats dans ce domaine, il peut être bon pour nous de méditer cette parole de Jésus : « *Ma vie nul ne la prend mais c'est moi qui la donne.* »[42] Cette parole est paradoxale. En effet on a bien pris sa vie à Jésus : il a été enchaîné, condamné, traîné au supplice et crucifié. Mais comme le dit la liturgie, il est « entré librement dans sa passion ». Dans son cœur il y avait cette acceptation profonde, cette adhésion au vouloir du Père, grâce à laquelle Jésus est resté souverainement libre dans sa mort, parce qu'il en a fait une offrande d'amour. Par le consentement libre et aimant, la vie *prise* devient une vie *donnée*.

On en trouve un exemple lumineux dans le témoignage de Jacques Fesch. Arrêté pour le meurtre d'un policier, suite à un rêve un peu fou de changement de vie (il tente un hold-up pour s'acheter un bateau et traverser l'océan), il passe trois ans en prison avant d'être exécuté le 1er octobre 1957 à l'âge de vingt-sept ans. Dans sa cellule il rencontre le Christ et vit un très bel itinéraire spirituel. Voici ce qu'il écrit quelques jours avant de mourir : « Heureux sont ceux que Dieu honore par le martyre ! Le sang qui coule est toujours d'un grand prix aux yeux de Dieu, surtout le sang offert librement. Je ne suis pas libre, moi, cependant si aujourd'hui on me proposait la liberté en échange d'une offense faite à Dieu, je refuserais, préférant la mort.

42. Jn 10, 18.

Je coopère donc à cette exécution en l'acceptant de toute mon âme et en l'offrant au Seigneur, et je meurs ainsi un peu moins indignement » [43].

Notre liberté a toujours ce merveilleux pouvoir : faire de ce qui nous est pris (par la vie, les événements, les autres...) quelque chose qui est offert. Extérieurement on ne voit pas la différence, mais intérieurement tout est transfiguré : le destin devient un choix libre, la contrainte devient amour, la perte devient fécondité. La liberté humaine est quelque chose d'une grandeur inouïe. L'homme n'a pas, par sa liberté, le pouvoir de tout changer autour de lui, mais par sa liberté il dispose, (et c'est bien mieux) de la faculté de donner un sens à tout, même à ce qui n'en a pas ! Nous ne sommes pas toujours maîtres du déroulement de notre vie, mais nous sommes toujours maîtres du sens que nous lui donnons. Par notre liberté, il n'est aucun événement de notre vie, quel qu'il soit, qui ne puisse recevoir une signification positive, être expression d'un amour, devenir abandon, confiance, espérance, offrande... Les actes les plus importants, les plus féconds de notre liberté ne sont pas tant ceux par lesquels nous transformons le monde extérieur que ceux par lesquels nous modifions notre propre attitude intérieure pour donner un sens positif à quelque chose, en nous appuyant en ultime instance sur la ressource de la foi, selon laquelle nous savons que de tout sans exception Dieu peut tirer un bien. Il y a là une mine inépuisable, une richesse sans limites à exploiter qui fait que dans

---

43. *Dans 5 heures je verrai Jésus. Journal de prison,* Jacques Fesch, éd. Le Sarment-Fayard, p.296.

notre existence il n'y a plus rien de négatif, plus rien de banal ni d'indifférent, parce que nous donnons un sens à tout. Le positif devient motif de gratitude et de joie, le négatif occasion d'abandon, de foi et d'offrande: tout devient grâce. Nous devons beaucoup remercier Dieu pour le don si précieux de la liberté.

L'impuissance dans l'épreuve, et l'épreuve de l'impuissance: la liberté de croire, d'espérer, d'aimer

Il nous arrivera à tous dans notre vie de nous trouver dans une situation d'épreuve, de difficulté, qui nous concerne personnellement ou atteint des personnes qui nous sont chères, et dans laquelle il n'y aura rien à faire: nous avons beau retourner la situation dans tous les sens, y penser jour et nuit, il n'y a aucune solution à notre portée. Se sentir si pauvre, si désarmé, si impuissant est une grande épreuve. Surtout s'il s'agit de quelqu'un de qui nous sommes proches: voir un être que nous aimons dans la difficulté, et n'avoir aucun moyen de le secourir, est sans doute une des souffrances les plus aiguës en cette vie. Bien des parents la connaissent un jour ou l'autre. Quand l'enfant est petit, il y a toujours moyen d'intervenir, de l'aider dans les problèmes qu'il peut rencontrer. Quand il est grand, qu'il a pris son indépendance, qu'il n'écoute plus les conseils qu'on lui donne, cela peut être terrible pour des parents de voir un de leurs fils ou une de leur filles se tourner vers la drogue ou se lancer dans des aventures affectives destructrices, et malgré leur immense désir d'aider cet enfant, de se sentir parfois totalement démunis pour le faire... Il faut alors se dire que, même si l'on n'a apparemment aucune prise sur la réalité et aucun moyen concret d'intervenir, il reste toujours la possibilité de continuer malgré tout à croire, à espérer, à aimer. Croire que Dieu n'abandonne pas cette personne et que la prière pour elle portera des fruits en temps voulu. Espérer tout de la fidélité et de la puissance du Seigneur. Aimer en continuant à porter dans son cœur et sa prière cette personne, lui pardonnant ses torts ou le mal qui lui est fait, et toute autre expression de l'amour possible selon les circonstances. Amour qui ne peut se traduire en actes visibles mais qui s'exprime en confiance, abandon, pardon. Amour d'autant plus pur et plus grand qu'il est plus pauvre. Même quand nous ne pouvons absolument rien faire au plan des actes, nous conservons cette liberté intérieure de persévérer à aimer, qu'aucune circonstance, si tragique soit-elle, ne pourra nous enlever.

Et ce doit être pour nous une certitude très forte, certitude libératrice et consolante dans l'épreuve de l'impuissance: même si je ne peux rien faire, du moment que je crois, que j'espère, que j'aime, quelque chose se passe dans l'invisible, et les fruits se manifesteront tôt ou tard, au temps de la miséricorde divine. L'amour, même pauvre et apparemment impuissant, est toujours fécond, il ne peut pas ne pas l'être, car il participe de l'être et de la vie même de Dieu. *« L'espérance ne déçoit pas, car l'amour de Dieu a été répandu dans nos cœurs par le Saint-Esprit qui nous a été donné »* [44].

---

44. Rm 5, 5.

4. L'acceptation de l'autre

Consentir aux souffrances qui nous proviennent des autres

Nous avons exprimé plus haut l'invitation à ne pas nous « raidir » devant les contrariétés, mais à les accueillir de bon cœur. Ce discours, nous voudrions maintenant le continuer à propos des contrariétés qui nous viennent, non pas d'évènements matériels, mais par la faute des autres. Comment nous conduire face à toutes les souffrances provoquées par ceux qui nous entourent ? La ligne de conduite sera la même : s'efforcer d'y consentir.

Là encore il ne s'agit pas d'être passif. C'est parfois une nécessité d'aller trouver une personne dont la conduite nous fait souffrir pour l'aider à en prendre conscience et à se corriger. C'est un devoir aussi parfois de réagir fermement contre certaines situations d'injustice et de se protéger, ou de protéger d'autres personnes, contre des comportements qui détruisent. Mais il restera toujours une certaine part de souffrances qui nous viennent de notre entourage, que nous ne pouvons pas éviter ni corriger, et que nous sommes invités à accepter dans une attitude d'espérance et de pardon.

Il est plus difficile pour nous d'accepter cela que les contrariétés matérielles. Accepter sans colère de rater un rendez-vous parce que ma voiture est tombée en panne est plus facile que lorsque mon épouse me met en retard pour être restée au téléphone une heure avec une de ses chères amies. Les désagréments que nous causent les autres sont plus difficiles à accepter que les ennuis matériels, car il y a des libertés en jeu, et on estime donc facilement que les choses auraient pu être différentes. On en veut davantage à un être libre des problèmes qu'il nous cause qu'à des circonstances impersonnelles !

Même si cela n'est pas facile, il faut savoir pardonner aux autres de nous faire souffrir, de nous décevoir, et même accepter comme une grâce et un bienfait les problèmes qu'ils nous créent. Cette attitude n'est ni spontanée ni naturelle, elle est pourtant la seule juste, si nous voulons conquérir la paix et la liberté intérieure. Quelques remarques pour nous aider à avancer en ce sens.

Faire la part des différences psychologiques

Une première chose à se dire est que, dans les souffrances que les autres nous procurent, il ne faut pas systématiquement voir de la mauvaise volonté de leur part (comme nous y sommes habituellement portés). Beaucoup de problèmes relationnels entre personnes, à propos desquels on a vite fait d'user de qualificatifs moraux, sont souvent simplement des difficultés de communication, des malentendus. A cause de nos manières différentes de nous exprimer et de nos filtres psychologiques, nous avons parfois du mal à percevoir les véritables intentions ou motivations de l'autre.

Nous avons tous des psychologies bien différentes, des sensibilités et des manières de voir les choses qui s'opposent ; il faut le reconnaître avec réalisme et l'accepter avec humour. Il y a des gens qui aiment beaucoup l'ordre, le moindre désordre les insécurise. Il y en a d'autres qui étouffent dans un contexte trop cadré et ordonné. Ceux qui aiment l'ordre se sentent personnellement agressés par qui laisse traîner le moindre objet, la personne de tempérament opposé se sentira brimée par qui exige toujours un ordre parfait. Et on a vite fait de brandir des considérations morales alors qu'il ne s'agit que de différences psychologiques. Nous avons tous une forte propension à appeler bien ce qui nous plaît et convient à notre tempérament, et à appeler mal ce qui lui répugne. Les exemples seraient innombrables. Si l'on n'est pas attentif à cela, nos familles et nos communautés risquent d'être le lieu d'une guerre permanente entre les défenseurs de l'ordre et ceux de la liberté, les partisans de la ponctualité et ceux de la souplesse, les amoureux du calme et ceux de l'exubérance, les lève-tôt et les couche-tard, les bavards et les taciturnes, et ainsi de suite à l'infini.

Il est donc nécessaire de nous éduquer à accepter les autres tels qu'ils sont, à comprendre que leur sensibilité, les valeurs auxquelles ils sont attachés ne sont pas les mêmes que les nôtres, à élargir et assouplir notre cœur et nos pensées à leur égard.[45]

Cela n'est pas facile, car nous devons relativiser notre sagesse, être petits et humbles ; savoir renon-

---

45. Cela a son importance notamment dans les relations entre hommes et femmes. Après quelques décennies d'une idéologie dominante qui, confondant égalité et identité, a prétendu que l'homme et la femme sont absolument interchangeables, on est en train de redécouvrir, et heureusement, les profondes différences psychologiques entre les sexes. Voir par exemple le sympathique livre de J. Gray *Les hommes viennent de Mars, les femmes de Vénus.*

cer à cet « orgueil d'avoir raison » qui bien souvent nous empêche d'entrer dans la pensée de l'autre, renoncement qui est parfois une mort à nous-mêmes qui coûte terriblement.

Mais nous avons tout à y gagner. Heureusement que les autres nous contrarient par leurs manières de voir, c'est ainsi que nous avons quelque chance de sortir de nos étroitesses pour nous ouvrir à d'autres valeurs. Je vis en communauté depuis vingt-cinq ans, et je suis bien obligé de reconnaître qu'en fin de compte, j'ai peut-être plus reçu des gens avec qui je m'entendais mal que de ceux avec qui je m'entendais bien. Les premiers m'ont ouvert les horizons à d'autres valeurs que celles dans lesquelles j'aurais pu rester enfermé en ne fréquentant que des personnes de la même sensibilité que moi.

Quelques réflexions sur le pardon

Ceci dit, il y a bien sûr des cas où la souffrance que me procurent les autres est due à une véritable faute de leur part. L'attitude à mettre en œuvre à leur égard n'est plus seulement cette souplesse et cette compréhension dans l'acceptation des différences dont nous venons de traiter, elle est celle, plus exigeante et difficile, du pardon.

La culture moderne (voir le cinéma par exemple) ne fait pas toujours grand-chose pour valoriser le pardon, et plus souvent légitime la rancune et la vengeance. Mais est-ce ainsi que le mal diminuera dans le monde ? Il faut réaffirmer très fort que la seule voie pour atténuer la souffrance qui pèse sur l'humanité est celle du pardon.

« L'Eglise, en annonçant le pardon et l'amour pour les ennemis, est consciente d'introduire dans le patrimoine spirituel de l'entière humanité une façon nouvelle de se rapporter aux autres ; une façon certes laborieuse, mais riche en espérance. Pour ce faire, elle sait pouvoir compter sur l'aide du Seigneur qui jamais n'abandonne celui qui fait appel à lui dans les moments de difficulté. *"La charité ne tient pas compte du mal "* (1 Co 13, 5). Dans cette expression de la première lettre aux Corinthiens, l'apôtre Paul rappelle que le pardon est une des formes les plus élevées de l'exercice de la charité »[46].

Nous ne voulons pas ici traiter de cette question du pardon, qui est fondamentale mais complexe. Notre propos est simplement de redire que si nous ne comprenons pas l'importance du pardon et ne l'intégrons pas dans nos relations avec les autres, nous n'arriverons jamais à la liberté intérieure et serons toujours prisonniers de nos rancunes.

Quand nous refusons de pardonner à cause d'un mal dont nous avons été victimes, nous ne faisons qu'ajouter un mal à un autre mal, et nous ne résolvons rien du tout. Nous augmentons la quantité de mal qu'il y a dans le monde, et il y en a déjà suffisamment comme ça. Ne soyons pas complices de la propagation du mal. Comme nous le demande saint Paul, *« ne nous laissons pas vaincre par le mal, mais soyons vainqueurs du mal par le bien »*[47]

46. *Message pour le Carême du 9 février 2001,* Jean-Paul II .
47. Rm 12, 21.

Nous allons maintenant faire quelques remarques dans le but de lever certains obstacles qui rendent le pardon difficile ou impossible.

Pardonner, ce n'est pas cautionner un mal

Ce qui fait que le pardon est parfois si difficile, c'est que nous pensons de manière plus ou moins consciente que pardonner à telle personne qui nous a fait souffrir reviendrait à faire comme si elle n'avait rien fait de mal ; ce serait appeler « bien » un mal, cautionner une injustice et cela on ne peut pas l'accepter.

Mais pardonner, ce n'est pas admettre un mal, ou prétendre juste ce qui ne l'est pas. Cela serait évidemment inacceptable : il y a une vérité qui ne peut pas être bafouée. Pardonner signifie cela : cette personne m'a fait du mal, mais pourtant je ne veux pas la condamner, l'identifier avec sa faute, ni faire justice par moi-même. Je laisse à Dieu, le seul qui « *sonde les reins et les cœurs* »[48] et qui « *juge avec justice* »[49] le soin de peser ses actes et de faire justice, je ne veux pas me charger moi-même de cette tâche trop difficile et délicate qui n'appartient qu'à Dieu. De plus, je ne veux pas enfermer celui qui me blesse dans un jugement définitif et sans appel, mais je garde sur lui un regard d'espérance, je crois que quelque chose peut évoluer et changer en lui, je continue à vouloir le bien de cette personne. Et je crois aussi que, du mal qui m'a été fait, même s'il semble irrémédiable au plan humain, Dieu peut

48. Ap 2, 23.
49. 1 P 2, 23.

tirer un bien... On ne peut en fin de compte pardonner vraiment que parce que le Christ est ressuscité d'entre les morts, et que cette résurrection est la garantie que Dieu peut guérir tout mal.

Les liens de la rancune

Nous devons aussi réaliser que, quand nous pardonnons à quelqu'un, si nous faisons en un sens du bien à cette personne (en lui remettant une dette), nous nous faisons surtout du bien à nous-mêmes : nous retrouvons une liberté que la rancune, le ressentiment risquaient de nous faire perdre.

Notre liberté peut parfois être aliénée par des liens affectifs trop forts, par une dépendance envers une personne que nous aimons trop (et mal), qui nous devient indispensable au point de nous faire perdre une partie de notre autonomie. Mais, autant que la dépendance affective, le refus de pardonner nous ligote à la personne à laquelle nous en voulons, et aliène notre liberté. On est autant dépendant des personnes qu'on déteste que de celles qu'on aime de manière exagérée. Quand nous entretenons de la rancune envers une personne, nous ne cessons de penser à elle, nous sommes habités de sentiments négatifs qui prennent une grande partie de notre énergie, il y a un « investissement » dans la relation qui ne nous laisse pas disponibles psychologiquement et spirituellement pour vivre ce que nous avons à vivre par ailleurs. La rancune atteint les forces vives de la personne chez qui elle demeure et lui fait beaucoup de tort. Quand quelqu'un nous a fait souffrir, notre tendance spontanée est de garder soigneusement par devers nous le souvenir du mal subi, comme une « facture » à brandir au moment voulu, pour exiger des comptes, et faire payer à l'autre ce qu'il nous doit. Ce que nous ne réalisons pas, c'est que ces factures accumulées finissent par empoisonner notre propre vie. Il est plus sage de remettre toute dette, comme y invite l'Evangile. En retour tout nous sera remis, et notre cœur sera libre.

Nous avons tous expérimenté aussi que le fait d'entretenir un ressentiment envers une personne nous fait perdre notre objectivité vis-à-vis de celle-ci. Nous la voyons tout en noir, et nous cessons complètement d'être ouverts à ce qu'elle pourrait nous apporter de positif malgré ce qui en elle nous fait souffrir.

La mesure dont vous mesurez servira pour vous

Un des passages les plus beaux de l'Evangile sur l'invitation à pardonner est la péricope de Luc 6, 27-38. Il vaut la peine d'en relire une partie, car c'est un texte fondamental qui doit nous guider dans notre attitude vis-à-vis des autres.

> « *Aimez vos ennemis, faites du bien et prêtez sans rien attendre en retour. Votre récompense alors sera grande, et vous serez les fils du Très-Haut, car il est bon, lui, pour les ingrats et les méchants. Montrez-vous compatissants comme votre Père est compatissant. Ne jugez pas, et vous ne serez pas jugés ; ne condamnez pas et vous ne serez pas condamnés ; remettez et il vous sera remis. Donnez et l'on vous donnera ; c'est une bonne mesure, tassée, secouée, débordante qu'on versera dans*

votre sein; car de la mesure dont vous mesurez on mesurera pour vous en retour.»

Ces paroles sont très exigeantes, mais nous devons comprendre cette exigence comme un «cadeau» magnifique que Dieu veut nous faire. Dieu donne ce qu'il ordonne, ce texte contient donc en filigrane la promesse que Dieu peut transformer notre cœur au point de nous rendre capables d'aimer d'un amour aussi pur, aussi gratuit, aussi désintéressé que le sien. Dieu veut nous donner de pardonner comme lui seul en est capable, et ainsi nous rendre semblables à lui, car Dieu n'est jamais autant Dieu que lorsqu'il pardonne.

On pourrait dire que tout le mystère de la rédemption dans le Christ, par son incarnation, sa mort et sa résurrection, consiste dans ce merveilleux échange: dans le cœur du Christ Dieu nous a *aimés humainement*, mais en vue de rendre nos cœurs d'hommes aptes à *aimer divinement*. Dieu s'est fait homme pour que l'homme devienne Dieu, c'est-à-dire aime comme seul Dieu est capable d'aimer, avec la pureté, l'intensité, la force, la tendresse, la patience inlassable propres à l'amour divin.[50] C'est une extraordinaire espérance

50. Citons ce beau texte de saint Jean de la Croix sur les «qualités» de l'amour divin, telles que l'âme peut en faire l'expérience quand elle est transformée en amour et unie à Dieu: «Parce que, quand quelqu'un aime un autre ou lui fait du bien, il lui fait du bien et l'aime selon sa condition et selon les propriétés qu'il a en soi. Et ainsi ton Époux étant en toi te départit ses grâces selon ce qu'Il est. C'est pourquoi étant tout- puissant, Il te fait du bien et t'aime avec toute-puissance; étant sage, tu sens qu'Il t'aime et te fait du bien avec sagesse; étant

et une grande consolation de savoir que, en vertu du travail de la grâce divine en nous (si nous y restons ouverts en persévérant dans la foi, la prière, les sacrements), l'Esprit Saint transformera et dilatera nos cœurs au point de les rendre un jour capables d'aimer comme Dieu aime.

Remarquons que la conclusion du passage d'évangile cité plus haut contient une des lois fondamentales de la vie spirituelle (et de la vie humaine tout court !) : « *La mesure dont vous vous servez envers les autres servira aussi pour vous.* » Une interprétation superficielle serait la suivante : Dieu récompensera largement ceux qui sont généreux dans l'amour et le pardon, et récompensera chichement ceux dont l'attitude envers le prochain est mesquine. Mais ce verset a un sens plus profond que celui d'une punition ou d'une récompense de la part de Dieu en fonction de nos attitudes. De fait

---

infiniment bon, tu sens qu'Il t'aime avec bonté ; étant saint, tu sens qu'Il t'aime et te fait des grâces avec sainteté ; étant juste, tu sens qu'Il t'aime et te fait justement du bien ; étant miséricordieux, pitoyable et clément, tu sens sa miséricorde, sa pitié et sa clémence ; étant puissant, élevé et délicat, tu sens qu'Il t'aime d'un amour puissant, élevé et délicat ; comme il est net et pur, tu sens qu'Il t'aime avec pureté et netteté ; et comme Il est véritable, tu sens qu'Il t'aime vraiment ; étant libéral, tu reconnais qu'Il t'aime et te départit ses grâces avec libéralité, sans aucun intérêt, mais seulement pour te faire du bien ; et comme Il est la vertu de la souveraine humilité, Il t'aime avec une souveraine humilité et avec une souveraine estime pour toi, en te rendant égale à Soi, Se découvrant Lui-même à toi, avec allégresse, par le moyen de toutes ses connaissances, avec son visage plein de grâces, te déclarant en cette union, non sans grande jubilation de ta part : Je suis à toi et pour toi. Je prends plaisir d'être ce que Je suis, afin d'être à toi et de Me donner à toi. » *Vive Flamme*, couplet 3, vers 1.

Dieu ne punit pas, c'est l'homme qui se punit lui-même. Ce verset énonce simplement une « loi » immanente à l'existence humaine : celui qui refuse de pardonner, qui refuse d'aimer, sera tôt ou tard lui-même la malheureuse victime de son manque d'amour. Le mal que nous faisons ou voulons aux autres finira toujours par se retourner contre nous. Celui qui a une attitude de cœur étroite envers le prochain sera lui-même victime de cette étroitesse. Enfermant l'autre dans un jugement, un mépris, un rejet, une rancune, je m'emprisonne moi-même dans un filet qui me fera suffoquer. Les aspirations les plus profondes que je porte, à l'absolu, à l'infini, se heurteront à des barrières infranchissables et ne verront pas leur réalisation ; par le manque de miséricorde envers autrui je m'enferme dans un monde étroit, un monde de calculs et d'intérêts, dans lequel moi-même j'étoufferai. Il suffit d'un peu de lucidité et de réalisme pour constater cette loi et son caractère implacable : « *Tu ne sortiras pas de là sans avoir payé jusqu'au dernier centime* »[51].

Le pardon nous fait sortir de cette malédiction : par la remise de toute dette qu'il signifie, il rend de nouveau possible une relation à l'autre basée sur la gratuité, ce qui est indispensable pour qu'existe l'amour authentique, dont aucun de nous ne peut se passer pour vivre véritablement.

Quand nous sommes « à l'étroit » dans notre cœur, bien souvent il n'y a pas d'autre raison à chercher que la suivante : c'est que notre cœur est étroit dans ses dispositions envers le prochain, et

51. Mt 5, 25.

se refuse à aimer et à pardonner avec générosité. La générosité dans l'amour et le pardon, la bienveillance dans le jugement, la miséricorde, font au contraire de nous les « fils du très-Haut », et nous font naviguer dans un univers de gratuité, dans les océans illimités de l'amour et de la vie divine, où les aspirations les plus profondes de notre propre cœur seront un jour assouvies. Si tu aimes ton prochain, nous dit Isaïe, *« alors ta lumière éclatera comme l'aurore, ta blessure se guérira rapidement... tu seras comme un jardin bien irrigué, une source jaillissante dont les eaux ne tarissent pas »*[52].

Le bienfait à tirer des fautes des autres

Dans ce domaine des fautes et imperfections de nos proches, comme à propos des autres contrariétés, il est bon de réaliser qu'il « n'y a pas que du mal dans le mal » : les comportements discutables de ceux qui nous entourent et qui sont cause de souffrances pour nous, n'ont pas que du négatif, ils présentent même des avantages certains !

Nous avons une tendance fortement enracinée à recherche dans la relation à l'autre ce qui peut combler nos manques, les manques de notre enfance particulièrement. Les imperfections des autres, les déceptions qu'ils nous causent, nous obligent à nous efforcer de les aimer d'un amour véritable, à établir avec eux une relation qui ne reste pas enfermée dans la recherche inconsciente de satisfaction de nos propres besoins, mais tend à devenir pure et désintéressée comme l'amour

52. Is 58, 6-12.

divin lui-même : « *Soyez parfaits comme votre Père du Ciel est parfait* » [53].

Elles nous aident aussi à ne pas attendre d'eux un bonheur, une plénitude, un accomplissement que nous ne pouvons trouver qu'en Dieu, et nous invitent donc à nous « enraciner » en lui. C'est parfois grâce à une déception dans la relation avec quelqu'un dont nous attendions beaucoup (sans doute trop...) que nous apprenons à nous enfoncer dans la prière, dans la relation avec Dieu, et à attendre de lui cette plénitude, cette paix et cette sécurité que seul son amour infini peut nous garantir. Les déceptions dans la relation à l'autre nous font passer d'un amour « idolâtrique » (un amour qui attend trop) à un amour réaliste, libre et donc finalement heureux. L'amour romantique sera toujours menacé de déceptions, la charité jamais, puisqu'elle « *ne cherche pas son intérêt* »[54].

Le péché des autres ne m'enlève rien

Une des plus grosses difficultés que nous avons à pardonner vient du fait suivant : nous avons le sentiment que, suite à tel événement douloureux, au comportement négatif de telle personne impliquée dans notre histoire personnelle, nous avons été privés ou nous sommes encore privés de quelque chose que nous considérons comme important, voire vital. C'est souvent ce sentiment diffus d'avoir été privés par la faute de l'autre de certains biens nécessaires qui alimente

53. Mt 5, 48.
54. 1 Co 13, 5.

notre rancune. Ce peuvent être des biens matériels, affectifs, moraux (je n'ai pas reçu l'amour auquel j'avais droit, l'estime qui m'était nécessaire, etc.) ou des biens spirituels (à cause de tel responsable de ma communauté et de son comportement, je ne peux pas m'épanouir spirituellement...).

Pour être en mesure de pardonner, de vivre paisiblement et sans ressentiment même quand l'entourage est pour nous cause de souffrance par des comportements décevants, il est nécessaire de réaliser une chose importante : le sentiment de frustration décrit ci-dessus doit être radicalement révisé, car il ne correspond pas à la réalité. Je dois me laisser renouveler dans ma mentalité et mon jugement, pour arriver à comprendre quels sont les biens véritables, et réaliser ainsi qu'en vérité le péché des autres, le mal qui provient d'eux, *ne me prive de rien*. Je n'ai donc aucune raison valable de leur en vouloir.

Les autres peuvent bien sûr me priver de beaucoup de choses, au plan matériel et humain. Mais ils ne peuvent pas me priver de l'essentiel, du seul bien véritable et définitif : l'amour que Dieu me porte et celui que je peux lui porter, et l'épanouissement qui en résultera. Personne ne pourra jamais me priver de la possibilité que j'ai de croire en Dieu, d'espérer en lui, de l'aimer, en tout lieu et en toute circonstance. Personne ne pourra jamais me ravir ce bien essentiel et véritable, et donc m'interdire d'épanouir ce qu'il y a en moi de plus profond et de définitif. Car c'est essentiellement à travers l'exercice de la foi, de l'espérance, de l'amour que l'homme se construit ; tout le reste est secondaire et relatif, et on peut en être privé sans que cela soit un mal absolu. Il y a en nous quelque chose d'indestructible, qui est garanti par la fidélité et l'amour de Dieu. « *Le Seigneur est mon berger, je ne manque de rien... Passerais -je un ravin de ténèbres, je ne crains aucun mal car tu es près de moi, ton bâton, ta houlette sont là qui me consolent* » [55].

Plutôt donc que de perdre notre temps et de dépenser notre énergie à accuser les autres de ce qui ne va pas dans notre vie, à leur reprocher ce dont nous croyons qu'ils nous privent, il faut nous efforcer d'acquérir une autonomie spirituelle, en approfondissant notre relation personnelle avec Dieu, source unique et intarissable de tout bien, et en grandissant dans la foi, l'espérance, l'amour désintéressé. Je dois me convaincre une bonne fois pour toutes que le fait que les autres soient pécheurs ne m'empêche pas de devenir un saint, que personne ne me prive de rien, et qu'au soir de ma vie, face à Dieu (qui ne me laisse jamais manquer de ce qui est nécessaire pour avancer spirituellement et humainement), ce serait de l'infantilisme que d'accuser les autres de mes manques de progrès spirituel.

Le piège de la démobilisation

Dans certains moments de combat, quand nous sommes particulièrement préoccupés par des choses qui ne vont pas autour de nous, dans notre communauté, notre famille, notre milieu ecclésial, et qu'à cause de cela nous sommes tentés de nous décourager et de baisser les bras, il faut nous dire

55. Ps 23.

la chose suivante: quoi qu'il arrive, quelles que soient les erreurs et les fautes qui sont commises ici ou là, *cela ne nous enlève rigoureusement rien.* A supposer même que je vive au milieu de gens qui font des péchés mortels du matin jusqu'au soir, cela ne peut m'interdire d'aimer le Seigneur et de servir mon prochain, ni me priver d'aucun bien spirituel, ni m'empêcher de tendre à la plénitude de l'amour. Le monde pourrait bien s'écrouler autour de moi, ça ne me retire pas la possibilité de prier, de mettre toute mon espérance en Dieu et d'aimer.

Je ne dis pas qu'il faille nous enfermer dans une tour d'ivoire et devenir complètement indifférents à ce qui se passe autour de nous, ou rester toujours passifs. Quand il y a des problèmes dans notre milieu de vie, nous devons bien sûr désirer qu'ils se résolvent, et discerner ce que Dieu nous demande: dois-je intervenir? Ai-je la possibilité réelle et concrète de faire quelque chose? Si oui, ce serait un péché par omission de ne rien faire.

Mais je dis qu'il est absolument nécessaire, même si tout semble aller mal autour de nous, de préserver cette liberté qui est la nôtre de continuer à espérer en Dieu et à le servir avec joie et enthousiasme. En effet, le démon cherche souvent à nous décourager, à nous démobiliser, à nous faire perdre notre joie de servir le Seigneur, et un des moyens privilégiés qu'il utilise pour cela est de nous rendre inquiets de tout ce qui ne va pas autour de nous. Supposons que je fasse partie d'une communauté: le démon, pour me faire perdre tout dynamisme et toute énergie spirituelle, s'arrangera pour que je remarque une multitude de choses négatives dans ma communauté, les attitudes injustes des responsables ou des frères et sœurs, leurs erreurs, leurs manques de ferveur, leurs fautes parfois graves etc. Cela va faire tomber sur moi un poids d'inquiétude, d'insécurité, de tristesse, de découragement qui fait que peu à peu mon propre élan spirituel va s'en trouver atteint : à quoi sert-il de faire des efforts pour prier, pour être généreux, alors qu'il y a tous ces problèmes dans ma communauté ? Et on a vite fait ainsi de s'attiédir... Il faut discerner cette tentation et y réagir en se disant : quoi qu'il arrive, je n'ai rien à perdre, je dois garder ma ferveur, continuer à aimer Dieu et à prier de tout mon cœur, et à aimer les personnes avec qui je vis, même si je ne sais pas ce qu'il adviendra de cette situation. Je ne perds pas mon temps et je ne me trompe pas en essayant d'aimer au quotidien, cet amour ne sera jamais vain. « Là où il n'y pas d'amour, mettez de l'amour, et vous récolterez de l'amour » dit saint Jean de la Croix.[56]

Au contraire, si je m'attriste et perds ma ferveur à cause des problèmes qu'il y a dans mon entourage, je ne résous rien : je ne fais qu'ajouter un mal à un autre mal. Si le péché qui m'environne m'entraîne à l'inquiétude et au découragement, je ne fais qu'accélérer la propagation du mal. Nous ne pouvons vaincre le mal que par le bien, et mettre un frein à la diffusion du péché que par la ferveur, la joie et l'espérance, en faisant aujourd'hui le bien qui est à notre portée, sans nous préoccuper de ce que sera demain.

56. *Lettre à Mère Marie de l'Incarnation, op. cit.* p. 865.

Le mal véritable n'est pas en-dehors de nous, il est en nous

Une autre chose à nous dire dans ces moments de combat, est que la conversion dont nous avons à nous occuper n'est pas celle du prochain, mais la nôtre. Nous n'avons de chances de voir la conversion du prochain que si d'abord nous nous attelons sérieusement à la nôtre. Ce point de vue est beaucoup plus réaliste et encourageant : j'ai bien peu de prise sur les autres, mes tentatives de les changer ont de rares chances d'aboutir. Cela d'autant plus que, la plupart du temps, nous voulons que les autres changent selon des critères et selon des échéances qui proviennent plus de notre manière humaine de voir que des desseins divins. Si je m'occupe en priorité de ma propre conversion, j'ai davantage d'espoir que les choses avancent. Il vaut mieux chercher à réformer son cœur plutôt qu'à réformer le monde ou l'Eglise, ce sera plus fécond pour tout le monde.

Pour encourager le lecteur dans cette ligne de conduite, je voudrais faire une réflexion à partir de la question suivante : *dans quelle mesure le mal qui est autour de moi peut-il m'atteindre ?* Pardon pour les personnes que je vais scandaliser, mais je crois devoir affirmer ceci : le mal qui m'environne (le péché des autres, de l'Eglise, de la société) ne m'atteint, ne devient un mal pour moi que lorsqu'il trouve en moi une certaine complicité, que si c'est moi qui le laisse pénétrer dans mon cœur.

Il est normal que le mal qui m'entoure me fasse souffrir : il ne s'agit pas de se blinder et de devenir indifférent, tout au contraire. Plus on est saint, plus on souffre du mal et du péché qu'il y a dans le monde. Mais le mal extérieur ne me fait du mal que dans la mesure où j'y réagis de manière mauvaise : par des peurs, de l'inquiétude, du découragement, de la tristesse, en baissant les bras, en m'agitant pour trouver des solutions précipitées qui ne résolvent rien, en jugeant, en nourrissant des amertumes et des rancœurs, en refusant de pardonner etc. Comme le dit Jésus dans l'Évangile de saint Marc *« il n'est hors de l'homme rien qui entrant en lui puisse le souiller… c'est ce qui sort de l'homme qui le souille ! »*[57] Le mal ne provient pas des circonstances extérieures, mais de la manière intérieure dont nous y réagissons. « Ce qui ruine nos âmes n'est pas ce qui se passe dehors, mais l'écho que cela suscite en nous. »[58] On peut donc affirmer en vérité : *le mal que me font les autres ne vient pas d'eux, il vient de moi.* Nul n'est jamais blessé que par soi-même, disaient déjà les pères de l'Eglise.

Nos complicités qui renforcent le mal

Nous devons demander au Seigneur la grâce de nous éclairer sur toutes ces complicités secrètes avec le mal (spécialement dans le domaine de la parole !) par lesquelles, loin de le résoudre, nous lui donnons vie.

Quand nous fixons trop notre attention sur ce qui ne va pas, quand nous en faisons un thème pri-

57. Mc 7, 14.

58. *Du bon usage des crises*, Christiane Singer, éd. Albin Michel, p. 102.

vilégié de conversation, quand nous nous lamentons de probblèmes et nous en inquiétons, nous finissons par donner au mal plus de consistance que celle qu'il a en réalité. Il y a parfois une manière de déplorer le mal qui ne fait que le renforcer. J'ai entendu récemment un prêtre dire : « Je ne vais pas passer ma vie à dénoncer le péché, ce serait lui faire trop d'honneur. Je préfère encourager le bien plutôt que condamner le mal. » Et je crois qu'il n'avait pas tort. L'attitude prônée ici n'est pas celle de l'autruche qui refuse de voir la réalité en face, ni un refus de l'action, mais elle est cet optimiste prope à la charité, à l'amour désintéressé, qui permet de mobiliser toutes ses énergies pour le bien : *«L'amour ne s'irrite pas, ne tient pas compte du mal, il ne se rejouit pas de l'injutice, mais il met sa joie dans la vérité. Il excuse tout, croit tout, espère tout, supporte tout. »*[59]

Cela est vrai dans la relation avec soi-même : nous avançons de manière plus sûre et efficace en nous donnant à fond pour le bien dont nous sommes capables malgré nos défaillances, qu'en nous inquiétant exagérément de celles-ci. De même on favorise davantage la conversion et le progrès de quelqu'un en l'encourageant dans ce qu'il vit de positif qu'en l'épinglant sur tous ses faux pas. Le bien a plus de consistance et de réalité que le mal; en se developpant il est capable de triompher de ce dernier.

Plus grave encore est cette satisfaction mauvaise que nous avons parfois à détecter et mettre

59. 2 Co 13.

en évidence le mal, comme pour justifier nos rancoeurs et nos amertumes. Ce qui est une manière commode de nous décharger de ces dernières sur l'entourage, alors que leur cause véritable est le vide spirituel qui nous habite et l'insatisfaction qu'il génère. J'ai souvent noté que les personnes les plus critiques sont celles qui portent en elles-même le plus grand vide spirituel. On finit par se demander si certaines personnes (à l'instar des idéologies comme le marxisme) n'ont pas besoin de se fabriquer des ennemis pour exister, tant est grand leur vide intérieur.

Le mal vient remplir un vide

Jésus a été plongé dans un océan de mal, de haine, de violence, de mensonge. Son cœur a été brisé et transpercé, il a souffert plus qu'aucun homme n'a jamais souffert, mais il n'a pas été atteint par le mal, le mal n'a pas pénétré en lui, car son cœur était rempli de confiance envers le Père, d'abandon, d'offrande aimante. Nous devons «*marcher sur ses traces, lui qui insulté ne rendit pas l'insulte, et menacé ne fit pas de menaces*»[60]. De même pour la sainte Vierge au pied de la croix. Elle a bu un calice de douleur, mais son cœur est resté pur: pas de peur, de révolte, de haine, de désespoir, mais l'acceptation, le pardon, l'espérance.

Si le mal pénètre en notre cœur, c'est qu'il y trouve un lieu où se loger, une complicité. Si la souffrance nous rend amers et mauvais, c'est parce que notre cœur est vide: vide de foi, d'espérance et

60. 1 P 2, 23.

d'amour. Si, par contre, notre cœur est habité par une confiance totale en Dieu, s'il attend tout de sa bonté et de sa fidélité, si le but de notre vie n'est pas la recherche de nous-mêmes, mais de faire la volonté de Dieu, de l'aimer de tout notre cœur et d'aimer notre prochain comme nous-mêmes, alors le mal ne peut absolument pas y pénétrer. La souffrance, oui, le mal, non. Le Père Kolbe est mort à Auschwitz dans le bunker de la faim, et son cœur est resté pur et intact dans cet enfer, parce que, filialement abandonné à l'Immaculée, il n'en voulait pas à ses bourreaux et qu'il acceptait de donner sa vie par amour. Lui et ses compagnons sont morts en chantant le Magnificat. Ils ont été vainqueurs du mal par le bien.

Cette capacité d'être libre par rapport au mal n'est évidemment pas immédiate, mais elle est le fruit d'une longue conquête, et surtout d'un long travail de la grâce, qui nous fait croître dans l'exercice des vertus théologales. Elle est un aspect de la maturité spirituelle, et sans doute davantage un don de Dieu qu'un fruit de nos efforts. Cela dit, ce don nous sera d'autant plus certainement et plus vite accordé que nous y tendrons, nous le désirerons, et chercherons à mettre en œuvre les attitudes que nous avons évoquées plus haut. Si nous nous enracinons en Dieu par la foi et la prière, si nous cessons de reprocher à notre entourage tout ce qui ne va pas dans notre vie et de nous considérer comme une victime des autres ou des circonstances, si nous assumons de manière décidée notre propre responsabilité et acceptons notre vie telle qu'elle est, si nous mettons en œuvre à tout instant nos capacités de croire, d'espérer, d'aimer, si nous sommes déterminés à conquérir cette liberté que nous venons de décrire, elle nous sera progressivement accordée.

La liberté royale des enfants de Dieu

Lors de son baptême, le chrétien reçoit une onction d'huile parfumée, qui est le signe de sa nouvelle condition : par son union au Christ, il est désormais Prêtre, Prophète et Roi. Quel est le sens de cette royauté dont il est revêtu ? Il est roi parce qu'il est fils et héritier du Roi du Ciel et de la Terre. Mais il l'est aussi en ce sens qu'il n'est soumis à rien, et que tout lui est soumis, ce qui est le propre du roi. Si l'on a bien compris ce que nous avons dit précédemment, c'est ce qui se réalise pour celui qui laisse se déployer en lui la grâce du baptême, c'est-à-dire qui vit en enfant de Dieu, qui vit dans la foi, l'espérance et l'amour. Il a des peines et des misères, mais il n'est plus soumis à rien, il n'est plus dépendant de circonstances heureuses ou malheureuses, il n'y a plus pour lui d'évènements négatifs, mais en vérité tout ce qui arrive dans le monde est à son service, au bénéfice de sa croissance dans l'amour et dans la condition d'enfant de Dieu. Les évènements, les contingences bonnes ou mauvaises, le comportement d'autrui, ne peuvent plus l'affecter négativement, elles ne peuvent désormais que promouvoir son bien véritable, qui est d'aimer.

Ce sentiment de royale liberté, privilège de celui qui vit dans les bras du Père, est exprimé par saint Paul : « *Tout est à vous.* » Il ajoute bien sûr : « *mais vous êtes au Christ, est le Christ est à*

Dieu»[61]. On en trouve aussi une belle expression dans la *Prière de l'âme embrasée d'amour* de saint Jean de la Croix: «Pourquoi diffères-tu? Pourquoi attends-tu? Puisque tu peux dès à présent aimer Dieu en ton cœur. Miens sont les cieux et mienne est la terre, et miens sont les peuples, les justes sont miens et miens les pécheurs; les anges sont miens, et la Mère de Dieu et toutes les choses sont miennes, et Dieu même est mien et pour moi, parce que le Christ est mien et tout entier pour moi. Que demandes-tu et que cherches-tu donc, mon âme, tien est tout cela et pour toi»[62].

61. I Co, 3,23.

62. *Oeuvres complètes,* Jean de la Croix, Ed. Desclée de Brouwer, p 979.

DEUXIÈME PARTIE

II – L'INSTANT PRÉSENT

1. Liberté et instant présent

Une des conditions les plus nécessaires pour conquérir la liberté intérieure est la capacité à vivre l'instant présent. Nous voudrions maintenant développer ce thème qui est absolument fondamental.

Première remarque : nous ne pouvons vraiment exercer notre liberté que dans l'instant présent. Nous n'avons aucune prise sur notre passé, nous ne pouvons pas y changer un iota, tous les scénarios imaginaires par lesquels nous essayons parfois de revivre un événement passé que nous regrettons et considérons comme un échec (j'aurais dû faire ceci, j'aurais dû dire cela…) ne sont que du vent : il n'est pas possible de remonter le cours du temps. Le seul acte de liberté que nous puissions poser à l'égard de notre passé est de l'accepter tel qu'il a été, et de le remettre à Dieu avec confiance.

Nous avons très peu de prise sur l'avenir. Nous savons très bien que, quelles que soient nos prévoyances, nos planifications et nos assurances, il suffit de peu de choses pour que rien n'aille comme prévu. On ne peut pas véritablement programmer sa vie, on ne peut que l'accueillir instant après instant.

La seule chose qui nous appartienne, en fin de compte, c'est le moment présent. Il est le seul lieu où nous puissions vraiment poser des actes libres. Il n'y a que dans l'instant présent que nous sommes vraiment en contact avec le réel.

On peut vivre de manière tragique le caractère fugace de l'instant présent, et le fait que ni le passé ni le futur ne nous appartiennent vraiment. Mais si l'on se situe dans une perspective de foi et d'espérance chrétienne, l'instant présent se révèle à nous comme riche d'une grâce et d'un réconfort immense.

L'instant présent est d'abord celui de la présence de Dieu. « *Je serai avec vous tous les jours jusqu'à la fin des temps* »[1]. Dieu est l'éternel présent. Nous devons être convaincus que chaque instant, quel qu'en soit le contenu, est plein de la présence de Dieu, riche d'une possibilité de communion avec Dieu. On ne communie avec Dieu ni dans le passé, ni dans le futur, mais en accueillant chaque instant comme le lieu de sa présence, le lieu où il se donne à nous. Chaque seconde est un moment de communion avec l'éternité, contient l'éternité en un certain sens. Au lieu d'être constamment projeté dans le passé ou dans l'avenir, il faudrait apprendre à vivre chaque moment comme se suffisant à lui-même, comme plénitude d'existence, car Dieu est là, et si Dieu est là, je ne manque de rien. Notre sentiment de vide, de frustration, l'impres-

1. Mt 28, 20.

sion de manquer de telle ou telle chose vient souvent simplement du fait que nous vivons dans le passé (par des regrets, des déceptions), ou dans l'avenir (par des peurs ou attentes vaines) au lieu d'habiter chaque seconde en l'accueillant telle qu'elle est, riche d'une présence de Dieu qui, si nous y adhérons avec foi, nous fortifie et nous nourrit. Comme le dit le psaume 145 : « *Tous ont les yeux fixés sur Toi, ils espèrent, tu leur donnes la nourriture en son temps, toi tu ouvres la main, et rassasies tout vivant à plaisir.* »

Dans une perspective chrétienne, il y a quelque chose de très libérateur dans cette compréhension de la grâce de l'instant présent. Même si mon passé tout entier a été un désastre, même si mon avenir semble bouché, *maintenant* je peux m'établir, par un acte de foi, de confiance, d'abandon, en communion avec Dieu. Dieu éternellement présent, éternellement jeune, éternellement nouveau, à qui mon passé et mon futur appartiennent, et qui peut tout pardonner, tout purifier, tout renouveler.« *Il te renouvellera par son amour* »[2]. Dans l'instant présent, à cause de cet amour infiniment miséricordieux dont le Père m'aime, j'ai toujours la possibilité de repartir à zéro, sans que le passé, aussi lamentable qu'il ait été, soit un empêchement, ni que l'avenir, aussi obscur soit-il, me tourmente. Mon passé est dans les mains de la Miséricorde divine, qui peut tirer profit de tout, du bien comme du mal, et mon avenir entre les mains de sa Providence, qui ne m'oubliera point. Cette attitude de foi est extrêmement précieuse, car elle nous évite de vivre comme

2. So 3, 17.

trop de gens, qui éprouvent une insatisfaction permanente, car ils se sentent « comprimés » entre un passé qui leur pèse et un avenir qui les inquiète. Au contraire, vivre l'instant présent dilate le cœur.

2. Le verbe aimer ne se conjugue qu'au présent

Dans les traités de spiritualité, on parle des étapes de la vie spirituelle : les degrés de l'échelle des vertus, les marches de l'escalier de la perfection ; on en dénombre trois, sept, douze ou d'autres chiffres selon les auteurs. Il y a beaucoup à apprendre bien sûr dans ces considérations, que ce soit la description des sept demeures de l'âme de Thérèse d'Avila ou celle des douze degrés d'humilité de la règle de saint Benoît.

Mais l'expérience m'a appris à voir aussi les choses autrement. Je dis souvent en plaisantant que l'escalier de la perfection ne comporte en fait qu'une seule marche : celle que je franchis *aujourd'hui.* Sans me soucier du passé ni de l'avenir, aujourd'hui je me décide à croire, aujourd'hui je me détermine à mettre toute ma confiance en Dieu, aujourd'hui je choisis d'aimer Dieu et mon prochain. Et quel que soit le résultat de mes bonnes résolutions, réussite ou échec, le jour suivant, nouvel « aujourd'hui » qui m'est accordé par la patience divine, je recommence. Et ainsi de suite inlassablement, en ne cherchant pas à mesurer mes progrès ni à savoir où j'en suis. Sans me décourager de mes revers, sans me prévaloir de mes réussites, ne comptant pas sur mes propres forces mais seulement sur la fidélité du Seigneur.

Cette attitude, fondamentale dans la vie spirituelle, est décrite par saint Paul : « *Oubliant le chemin parcouru, je vais droit de l'avant, tendu de tout mon être, et je cours vers le but, en vue du prix que Dieu nous appelle à recevoir là-haut...Quel que soit le point déjà atteint, marchons toujours dans la même ligne* »[3]. Elle est un aspect fondamental de la spiritualité monastique. Saint Antoine d'Egypte, le père des moines (mort à cent cinq ans et qui à cent ans disait : je n'ai pas encore commencé de me convertir !) se répétait sans cesse la parole de saint Paul citée plus haut, au dire de son biographe saint Athanase, qui ajoute : « Il se souvenait aussi de la parole d'Elie : *« Le Seigneur est vivant devant qui je me tiens aujourd'hui. »* Il faisait remarquer qu'en disant : *aujourd'hui,* Elie ne comptait pas le temps passé. Donc, comme s'il en était toujours au commencement, chaque jour il s'efforçait de se montrer tel qu'il faut paraître devant Dieu ; pur de cœur et prêt à obéir à sa volonté et à nulle autre »[4]. Elle a été mise en pratique par tous les saints, la Petite Thérèse en est un exemple lumineux : « Pour t'aimer ô Jésus, je n'ai rien qu'aujourd'hui... »[5]

3. On ne peut souffrir qu'un instant

Cet effort pour vivre chaque instant tel qu'il est, en abandonnant aussi bien le passé que l'avenir entre les mains de *la douce pitié de Dieu,* selon

---

3. Ph 3, 13-16.
4. *Vie de saint Antoine* par saint Athanase d'Alexandrie.
5. Poésie PN5.

l'expression de Bernanos, est important surtout dans les moments de souffrance. Voici ce que disait Thérèse de Lisieux dans sa maladie : « Je ne souffre qu'un instant. C'est parce qu'on pense au passé et à l'avenir qu'on se décourage et qu'on désespère »[6]. On ne peut pas souffrir toute une vie, on ne peut souffrir qu'instant après instant. Personne n'a la capacité de souffrir pendant dix ou vingt ans. Mais j'ai la grâce pour porter aujourd'hui la souffrance qui est la mienne maintenant. Ce qui nous écrase, c'est bien souvent la projection dans l'avenir. Ce n'est pas la souffrance, mais la représentation que nous en avons. « Le grand obstacle, c'est toujours la représentation, et non la réalité. La réalité, on la prend en charge avec toute la souffrance, toutes les difficultés qui s'y rattachent – on la prend en charge, on la hisse sur ses épaules, et c'est en la portant que l'on accroît son endurance. Mais la représentation de la souffrance – qui n'est pas la souffrance, car celle-ci est féconde et peut vous rendre la vie précieuse – il faut la briser. Et en brisant ces représentations qui emprisonnent la vie derrière leurs grilles, on libère en soi-même la vie réelle avec toutes ses forces, et l'on devient capable de supporter la souffrance réelle, dans sa propre vie et dans celle de l'humanité »[7].

4. A chaque jour suffit sa peine

Une des paroles les plus remplies de sagesse de l'Evangile est la suivante : « *A chaque jour suffit sa*

6. *Cahier Jaune*, 19 août.
7. Etty Hillesum, *op. cit.* p.230.

peine ! »[8] Essayons d'accueillir cet enseignement fondamental de Jésus, et de ne pas ajouter à la peine du jour, qui est déjà bien suffisante, celle d'hier et celle de demain. Nous nous plaignons souvent de trop souffrir, sans nous rendre compte que parfois c'est nous qui sommes un peu masochistes : comme si la peine du jour ne suffisait pas, nous y ajoutons les regrets du passé, et les inquiétudes concernant l'avenir ! Pas étonnant que nous soyons écrasés... Pour que la vie devienne supportable, il est fondamental de s'exercer à ne porter que la difficulté propre à l'aujourd'hui, en remettant le passé à la Miséricorde divine et l'avenir à la Providence.

Nous permettons au passé de peser sur l'aujourd'hui chaque fois que nous entretenons des remords à cause de nos fautes anciennes, que nous ruminons nos regrets, nos sentiments d'échec, que nous essayons de repenser vainement nos choix d'hier comme s'il était possible de les modifier. Nous devons bien sûr demander pardon à Dieu pour nos fautes, en tirer des leçons le cas échéant, mais sans y revenir sans cesse. Une fois cela fait sincèrement, ça suffit. Nous devons essayer de réparer quand c'est possible le mal que nous avons occasionné, mais la plupart du temps nous devons simplement tout remettre entre les mains de Dieu, confiants qu'il est assez puissant pour tout réparer, et pour tirer un bien même de nos erreurs. Il ne s'agit pas, bien sûr, de devenir indifférents au mal que nous avons commis, ni de devenir superficiels

8. Mt 6, 14.

et irresponsables. Mais il s'agit de s'interdire absolument une attitude ou des pensées qui empêchent de vivre l'instant présent et de s'y investir de manière positive et confiante. Ce qui advient quand nous sommes accablés de remords, de culpabilité, quand nous ruminons nos échecs et nous laissons envahir par le découragement à cause d'erreurs passées.

Nous avons parfois le sentiment que nous avons perdu beaucoup de temps dans notre vie, gâché beaucoup d'occasions d'aimer, de grandir. Si ce sentiment nous pousse à nous repentir, à repartir avec courage et confiance en demandant à Dieu de nous accorder la grâce de rattraper le temps perdu par un renouveau de ferveur, c'est positif. Mais si ce sentiment nous abat, nous donne l'impression que notre vie est irrémédiablement gâchée, et que des choses belles et positives que nous aurions pu vivre nous sont désormais interdites, alors il ne faut pas l'accepter. Nous n'avons pas le droit de nous laisser enfermer dans notre passé, ce serait ajouter un autre péché à ceux que nous avons déjà commis, ce serait un manque de confiance dans la miséricorde et la puissance infinie de Dieu, qui nous aime et veut toujours nous proposer une nouvelle chance de nous accomplir pleinement dans la sainteté, sans que le passé soit jamais un handicap. Quand nous sommes tentés d'accablement en considérant notre passé, le peu de chemin parcouru, il faut poser un bel acte de foi et d'espérance du style: je te remercie mon Dieu pour *tout* mon passé, je crois fermement que de tout ce que j'ai vécu tu pourras tirer un bien, je veux n'avoir aucun regret, et je décide aujourd'hui de repartir à zéro avec *exactement la même confiance que si toute mon histoire passée n'était faite que de fidélité et de sainteté.* Rien ne pourra faire plus plaisir à Dieu que cette attitude !

5. Demain s'inquiétera de lui-même

Au poids du jour présent, nous avons le défaut d'ajouter celui du passé, nous venons d'en parler, mais encore plus celui de l'avenir. Le remède à cette attitude est de méditer (et de demander à Dieu la grâce de vivre) l'enseignement de l'Evangile sur l'abandon à la Providence : « *Ne vous inquiétez pas pour votre vie de ce que vous mangerez, ni pour votre corps de quoi vous le vêtirez. Regardez les oiseaux du ciel, il ne sèment ni ne moissonnent ni ne recueillent en des greniers, et votre Père céleste les nourrit ! Ne valez-vous pas plus qu'eux ? Qui d'entre vous peut d'ailleurs en s'en inquiétant ajouter une seule coudée à la longueur de sa vie... Ne vous inquiétez donc pas en disant : Qu'allons-nous manger ? De quoi allons-nous nous vêtir pour demain ?* »[9]

Il ne s'agit pas de devenir imprévoyants et irresponsables, nous sommes bien obligés de faire des projets et de penser à demain. Mais il faut le faire *sans inquiétude,* sans ce souci qui ronge le cœur, qui ne résout rien du tout, et qui nous empêche si souvent d'être disponibles à ce que nous avons à vivre dans l'instant présent. Il faut « *se garder de suspendre au jour présent comme autant*

9. Mt 6, 25-34.

de poids, les angoisses qu'inspire l'avenir»[10]. Le cœur ne peut pas être à la fois pris par le souci du lendemain et accueillant à la grâce du moment présent. C'est l'un ou l'autre. Nous devons donc «*chercher le Royaume*», c'est-à-dire communier à la présence de Dieu qui est donnée ici et maintenant, dans la recherche aimante et confiante de sa volonté pour aujourd'hui, et «*le reste nous sera donné par surcroît.*» Cela ne veut pas dire, évidemment, que nous n'aurons pas d'épreuves ou de difficultés dans l'avenir. Mais au fur et à mesure qu'elles se présenteront, nous aurons la grâce de les assumer.

Sachons une chose: la grâce, tout comme la manne qui nourrissait les Hébreux dans le désert, ne se «stocke» pas. On ne peut en faire des réserves, on ne peut que l'accueillir instant après instant. Elle fait partie de ce «pain pour chaque jour» que nous demandons dans la prière du *Notre Père*. Ce n'est pas parce qu'aujourd'hui je me sens très faible, que je m'évanouis devant une piqûre, que je n'aurai pas la grâce du martyre si j'y suis un jour appelé.

Pour être libre à l'égard de l'avenir comme à l'égard du passé, nous devons impérativement nous astreindre à un travail de «rééducation» de notre psychologie. Quelques remarques de bon sens peuvent le favoriser.

Les choses se passent très rarement comme nous les prévoyons. La plus grande partie de nos peurs et de nos appréhensions est complètement imaginaire, nous en avons tous fait l'expérience.

10. Etty Hillesum, *op.cit.* p. 175.

Des choses que nous prévoyions difficiles se révèlent très simples; par contre des difficultés auxquelles nous n'avons pas pensé se présentent. La correspondance entre notre représentation des évènements futurs et ce qui se passe vraiment est si minime qu'il faut prendre une grande distance par rapport à nos élaborations imaginaires; il vaut mieux accueillir les choses telles qu'elles viennent les unes après les autres en ayant confiance que nous aurons la grâce dans le moment donné, plutôt que de faire une multitude de scénarios prévisionnels pour nous protéger de ce qui pourrait advenir, scénarios qui se révèlent inadaptés dans la plupart des cas. La meilleur manière de préparer l'avenir n'est pas d'y penser sans cesse, mais d'être bien investi dans l'instant présent. Jésus dans l'Evangile annonce à ses disciples qu'ils pourront être traînés devant des tribunaux, et il ajoute: «*Mettez-vous donc bien dans l'esprit que vous n'avez pas à préparer d'avance votre défense: car moi je vous donnerai un langage et une sagesse, à quoi nul de vos adversaires ne pourra résister ni contredire*»[11].

La projection dans l'avenir et la représentation qu'en fabrique notre imagination nous dissocient de la réalité, et nous empêchent finalement de bien «gérer» celle-ci. Elle nous «pompe» le meilleur de nos énergies. Citons encore un passage du journal d'Etty Hillesum. «Quand on projette d'avance son inquiétude sur toutes sortes de choses à venir, on empêche celles-ci de se développer organique-

11. Lc 21, 12.

ment. J'ai en moi une immense confiance. Non pas la certitude de voir la vie extérieure tourner bien pour moi, mais celle de continuer à accepter la vie et à la trouver bonne, même dans les pires moments »[12].

La peur de la souffrance nous fait plus de mal que la souffrance elle-même, nous l'avons déjà dit dans un chapitre précédent. Aussi doit-on s'efforcer de vivre ainsi : « Il faut les éliminer quotidiennement comme des puces, les mille petits soucis que nous inspirent les jours à venir et qui rongent nos meilleures forces créatrices. On prend mentalement toute une série de mesures pour les jours suivants et rien, mais rien du tout, n'arrive comme prévu. A chaque jour suffit sa peine. Il faut faire ce que l'on a à faire, et pour le reste, se garder de se laisser contaminer par les mille petites angoisses qui sont autant de motions de défiance vis-à-vis de Dieu. Tout finira bien par s'arranger... Notre unique obligation morale, c'est de défricher en nous-mêmes de vastes clairières de paix et de les étendre de proche en proche, jusqu'à ce que cette paix irradie vers les autres. Et plus il y a de paix dans les êtres, plus il y en aura aussi dans ce monde en ébullition »[13].

---

12. Etty Hillesum, *Op. cit.* p. 169.
13. *Op. cit.* p. 227.

6. Vivre, et non pas attendre de vivre

Il convient donc de ne pas être projeté dans l'avenir mais d'« habiter » chaque moment et d'en cueillir la grâce spécifique, en l'accueillant comme bon quelle qu'en soit la nature, même déplaisante. C'est le meilleur moyen de préparer le suivant. La vie présente est toujours bonne, car le Créateur a déposé en elle une bénédiction qu'il n'a jamais retirée, même si le péché de l'homme est venu pour compliquer un peu les choses. « *Dieu vit que cela était bon* » dit la Genèse. Pour Dieu, voir ce n'est pas seulement constater, c'est conférer une réalité. Cette bonté foncière de l'existence est aussi exprimée par Jésus dans les textes sur l'abandon à la Providence auxquels nous avons fait allusion ci-dessus : « *La vie n'est-elle pas plus que la nourriture, et le corps plus que le vêtement ?* » [14]

Ce qui nous projette dans l'avenir, ce n'est pas toujours l'inquiétude, c'est parfois aussi l'attente d'une situation plus heureuse. Il peut s'agir d'un fait précis : retrouver prochainement une personne que nous aimons, la perspective de retourner chez soi après un voyage long et fatigant… Il peut s'agir aussi d'une attente qui n'a pas d'objet concret, une expectative un peu floue, parfois imaginaire : on attend confusément le moment où ça ira mieux, où les circonstances seront différentes et permettront de vivre des choses plus intéressantes. Pour le moment on ne vit pas à plein, mais plus tard (quand ?) on « vivra pour de bon ». Ce genre d'at-

14. Mt 6, 25.

tente, précise ou vague, est bien sûr légitime, mais il recèle un certain danger, auquel il faut être attentif. On peut passer son existence, non pas à vivre, mais à *attendre de vivre* ! Ce n'est donc pas du tout indifférent que de « rectifier le tir » quant à cette attitude psychologique. En effet elle nous décolle du réel, de la vie présente : ce que je vis maintenant ne me satisfait pas, j'ai l'espoir dans quelques jours ou quelques mois de vivre quelque chose de plus agréable, et je m'y projette déjà, en souhaitant que le temps s'écoule le plus vite possible pour être enfin dans cette situation future que je désire. Mais il y a là le risque d'un manque d'adhésion à la réalité, de consentement à mon vécu actuel. Qui me garantit d'abord que je ne vais pas être déçu quand viendra le moment tant attendu ? Et surtout, je risque de me mettre dans une position telle que, attendant ce futur moment où je « vivrai pour de bon », je passe à côté de quelque chose qu'il y a à vivre maintenant. Je ne m'investis pas suffisamment dans l'aujourd'hui, et je passe à côté de certaines grâces. Il faut vivre chaque instant pleinement, sans nous occuper de savoir si le temps passe trop lentement ou trop vite et en accueillant tout ce qui est donné moment après moment.

N'oublions pas aussi, afin de bien vivre le quotidien, que Dieu ne nous demande qu'une seule chose à la fois. Jamais deux. Et peu importe que la tâche que j'ai à effectuer semble secondaire (balayer la cuisine) ou importante (tenir une conférence devant quarante mille personnes), il faut la faire en y étant présent, simplement, calmement, et ne pas vouloir résoudre plus d'un problème à la fois. Même quand je m'acquitte de quelque chose de minime, ce serait une erreur de le faire à toute vitesse, en ayant l'impression de perdre mon temps, pour passer le plus vite possible à une activité considérée comme plus importante. Du moment qu'une chose, même la plus banale, est nécessaire et fait partie de la vie, elle mérite d'être accomplie pour elle-même, c'est-à-dire en y étant pleinement présent.

7. La disponibilité à l'autre

Cela est fondamental en ce qui concerne nos relations les uns avec les autres. Dans chaque rencontre avec une personne, quelle qu'en soit la durée, je dois donner à l'autre le sentiment que je suis disponible à cent pour cent à ce moment de rencontre, et n'ai rien d'autre à faire ni aucun autre souci que d'être avec cette personne, et de vivre ce que j'ai à vivre avec elle, le temps qu'il faut. Non seulement par politesse, mais dans une vraie disponibilité de cœur. Cela nous coûte beaucoup, car nous avons un très fort instinct de propriété relativement au temps, et nous sommes très insécurisés dès que nous ne pouvons plus le maîtriser à notre gré. Mais l'amour véritable est à ce prix. Si Jésus nous demande de n'entretenir aucun souci, c'est avec beaucoup de compassion et de tendresse, et principalement pour sauvegarder la qualité de nos relations: un cœur habité par l'inquiétude et la préoccupation n'est pas disponible à l'autre et ne peut faire de chaque rencontre un vrai moment de communion, dont on ressort le cœur content. Les parents doivent se le rappeler: un enfant est très capable de se passer de la présence de ses parents et de ne pas la réclamer sans cesse, à condition de disposer régulièrement de moments avec eux où il a la perception que son papa ou sa maman n'a aucun autre souci que d'être avec lui. Si on se laisse ronger par des inquiétudes au lieu de les remettre à Dieu, on ne pourra pas offrir cette qualité de présence, et l'enfant restera insécurisé quant à l'amour qu'on lui porte, même si on le couvre des cadeaux les plus coûteux.

8. Le temps psychologique et le temps intérieur

Si nous nous efforçons de vivre ainsi, et si nous approfondissons notre relation avec Dieu et notre vie de prière de manière à percevoir sa présence en nous et à vivre le plus possible tout chose en communiant à cette présence qui nous habite, nous finirons par faire une belle découverte : celle du temps intérieur, de ce rythme de la grâce qui conduit notre vie à son niveau le plus profond.

En effet, il y a pourrait-on dire deux modalités du temps : le temps de la tête, et celui du cœur. Le premier est le temps psychologique, le temps cérébral, celui que nous nous représentons, que nous calculons et découpons en heures, journées, que nous essayons de gérer et de programmer. Ce temps qui nous manque toujours et dont nous n'avons jamais suffisamment, ce temps qui passe soit trop vite soit trop lentement. Mais il y a aussi un autre temps, celui que nous éprouvons dans certains moments de bonheur ou de grâce, mais qui, dans le fond, existe toujours et dans lequel nous devrions apprendre peu à peu à nous situer en permanence. Ce temps est le temps de Dieu, celui des rythmes profonds de la grâce dans notre vie. Ce temps n'est pas un temps découpé, haché, il est fait d'une succession d'instants, mais qui s'enchaînent les uns aux autres, harmonieusement et paisiblement. Chacun de ces instants est un tout en lui-même, porte une plénitude qui le remplit et fait que rien ne manque, que ce temps est suffisant, parce qu'il est plein. Plein parce que j'y fais ce que j'ai à faire, dans la communion avec la volonté divine, dans la docilité au Saint-Esprit. Plein de la présence de Dieu, plein de notre présence à Dieu, ou de notre présence à telle ou telle personne avec qui nous vivons une rencontre, un dialogue, un partage, plein de notre présence à telle ou telle tâche que nous accomplissons avec calme, en y mettant toute notre attention et tout notre cœur. Ce temps est communion avec l'éternité. Ce n'est pas un temps que nous programmons (nous ne pouvons vivre au contraire dans ce temps intérieur qu'en restant libres et détachés à l'égard de nos programmes), mais beaucoup plus un temps que nous accueillons.

Si nous étions toujours dans ce temps-là, nous laisserions beaucoup moins de prise au mal ! Le démon s'infiltre dans les temps vides, ou mal vécus, parce que nous refusons telle chose ou que nous recherchons telle autre avec avidité…

Je crois que les saints ont découvert ce temps intérieur, et ont réussi à s'y accorder. Pour cela il faut une grande liberté, un total détachement par rapport à tout programme et à toute volonté personnelle, il faut être prêts à faire dans la seconde suivante le contraire de ce que nous avions prévu, vivre dans le plus grand abandon, sans inquiétude et sans peur, n'avoir d'autre souci que de faire la volonté divine, être pleinement disponible aux évènements et aux personnes. Il faut aussi avoir expérimenté par l'oraison ce qu'est la communion avec la présence de Dieu en nous et l'écoute intérieur de l'Esprit Saint pour suivre ses motions.

Quand nous vivons selon ce temps intérieur, nous faisons la très belle expérience que rien n'est livré au hasard. Si nous cheminons souvent dans l'obscurité et l'inconnu, nous pressentons et vérifions pourtant que notre vie se déroule selon un rythme qui nous dépasse, que nous ne maîtrisons pas mais auquel il est heureux de nous abandonner, qui nous entraîne bien au-delà de nous-mêmes, mais dans lequel tous les évènements sont disposés avec une sagesse infinie.

TROISIÈME PARTIE

III – LE DYNAMISME DE LA FOI, DE L'ESPÉRANCE ET DE L'AMOUR

1. Les vertus théologales

Nous avons souvent évoqué dans nos réflexions précédentes l'importance de la foi, de l'espérance, de l'amour, que l'on appelle classiquement les « vertus théologales », c'est-à-dire ces vertus qui nous relient à Dieu. L'affirmation fondamentale de notre livre est de fait la suivante : nous pourrons acquérir la liberté intérieure seulement dans la mesure où nous développerons l'exercice concret de ces vertus.

Le mot « vertu » a malheureusement perdu beaucoup de sa signification dans le langage d'aujourd'hui. Pour bien le comprendre il ne faut pas oublier son sens étymologique : en latin, « virtus » signifie « force ». La vertu théologale de foi est la foi en tant qu'elle est pour nous une force. La lettre aux Romains nous dit au sujet d'Abraham : « *Devant la promesse divine, il ne succomba pas au doute, mais il fut fortifié par la foi et rendit gloire à Dieu, pleinement convaincu que ce qu'il a promis, Dieu a aussi la puissance de l'accomplir* »[1].

L'espérance théologale, de même, n'est pas un vague espoir un peu flou et lointain, mais elle est cette assurance dans la fidélité de Dieu qui accomplira ses promesses, assurance qui confère une grande force. Quant à la charité théologale elle est, pourrait-on dire, le courage pour aimer Dieu et son prochain.

Ces trois vertus théologales constituent le dynamisme essentiel de la vie chrétienne. Il est fondamental de bien comprendre leur rôle, de le mettre en évidence et de centrer sur elles toute la vie spirituelle, et non pas sur des aspects plus secondaires comme il arrive parfois. La maturité du chrétien est sa capacité à vivre de foi, d'espérance, d'amour. Le chrétien n'est pas celui qui adopte telle ou telle pratique, qui se conforme à telle ou telle liste de commandements et de devoirs, le chrétien est d'abord celui qui croit en Dieu, qui espère tout de lui, qui veut l'aimer de tout son cœur et aimer son prochain. Toutes les prescriptions de la vie chrétienne, la prière, les sacrements, toutes les grâces que nous recevons de Dieu (y compris les expériences mystiques les plus sublimes) n'ont qu'un seul but : augmenter la foi, l'espérance et l'amour. Si elles n'ont pas ce résultat, elles ne servent absolument à rien.

Le Nouveau Testament, dans les lettres de Paul en particulier, met bien en lumière le dynamisme

1. Rm 4, 20, traduction liturgique.

de la foi, de l'espérance, de l'amour, comme étant le cœur de l'existence chrétienne. « *Nous nous rappelons en présence de notre Dieu et Père,* dit l'Apôtre aux chrétiens de Thessalonique, *l'activité de votre foi, le labeur de votre charité, la constance de votre espérance, qui sont dus à notre Seigneur Jésus Christ* »[2]. Dans le combat spirituel (thème cher aussi à saint Paul), les armes du chrétien sont essentiellement ces mêmes vertus théologales : « *Revêtons la cuirasse de la foi et de la charité, avec le casque de l'espérance du salut* »[3].

Notons que les vertus théologales ont un rôle-clé dans la vie spirituelle parce qu'elles sont un lieu privilégié de collaboration entre notre liberté et la grâce divine. Tout ce qu'il y a de positif et de bon dans notre vie vient de la grâce divine, de l'action imméritée et gratuite du Saint-Esprit dans notre cœur. Mais la grâce ne peut être pleinement féconde en nous sans la coopération de notre liberté. « Je vous ai créés sans vous, mais je ne vous sauverai pas sans vous, » disait le Seigneur à sainte Catherine de Sienne.

Les vertus théologales sont ainsi mystérieusement mais réellement à la fois un *don de Dieu* et une *activité de l'homme.* La première citation de la lettre aux Thessaloniciens qui figure quelques lignes plus haut le manifeste clairement. La foi est un don gratuit de Dieu : nul ne peut dire « Jésus est Seigneur » sans que le Saint-Esprit le lui accorde. Mais elle est en même temps une décision de l'homme, un acte d'adhésion volontaire à la vérité

2. I Th 1, 3.
3. I Th 5, 8.

que propose l'Ecriture et la tradition de l'Eglise. Cet aspect volontaire est plus marqué bien sûr dans les instants de tentation et de doute : « Je crois ce que je veux croire », disait sainte Thérèse de l'Enfant-Jésus dans l'épreuve de la fin de sa vie, et elle portait sur son cœur le *Credo* écrit avec son sang. Il y a des moments où la foi est spontanée, mais il ne faut pas oublier qu'elle est un acte, une adhésion volontaire de notre liberté à la parole de Dieu, qui demande parfois un grand effort. Croire ne va pas toujours de soi, et exige parfois de prendre son courage à deux mains pour trancher avec des hésitations ou des doutes. Sans oublier cependant que lorsque nous posons un acte de foi, cela n'est possible que parce que *« l'Esprit Saint vient au secours de notre faiblesse »* [4].

De même l'espérance est un choix, qui demande souvent un effort. Il est plus facile de s'inquiéter, de se décourager, de craindre, que d'espérer. Espérer c'est *faire confiance*, et cette expression dénote bien que dans l'espérance on n'est pas passif, mais qu'on pose un acte.

Quant à l'amour, il est aussi décision : cela va parfois tout seul d'aimer quand le désir nous pousse mais, bien souvent, aimer signifiera choisir d'aimer, décider d'aimer. Sinon l'amour ne sera qu'émotion, superficialité, voire égoïsme, et non ce qu'il est dans son essence profonde : quelque chose qui engage notre liberté.

Ceci dit, c'est toujours moyennant une action (secrète ou perceptible) de Dieu que la foi, l'espé-

4. Rm 8, 26.

rance et la charité sont possibles.[5] Les vertus théologales s'éveillent et croissent dans le cœur de l'homme grâce à l'œuvre et à la pédagogie du Saint-Esprit. Mais cette pédagogie divine est parfois bien déroutante. Nous voudrions, pour illustrer cela et favoriser notre coopération au travail de la grâce, dire maintenant quelques mots sur la manière dont l'Esprit Saint agit en nous.

2. Les trois effusions du Saint-Esprit

On ne peut évidemment pas déchiffrer totalement l'action de l'Esprit Saint dans la vie d'un homme ou d'une femme, ni en donner des lois, encore moins la programmer : *« Le vent souffle où il veut et tu entends sa voix, mais tu ne sais pas d'où il vient ni où il va »*[6].

---

5. Il y a, sous-jacente à ces réflexions, une question de fond : comment un acte humain (l'acte de croire, d'espérer ou d'aimer) peut-il être à la fois un acte pleinement humain, libre et volontaire, et en même temps un don gratuit de Dieu, un fruit de l'action du Saint-Esprit dans le cœur de l'homme ? On touche là au mystère profond de l'« interaction » entre l'activité de Dieu et notre liberté, problème épineux s'il en est au plan philosophique et théologique. Sans traiter cette question, disons simplement qu'il n'y a pas contradiction entre agir de Dieu et liberté de l'homme : c'est Dieu qui est le créateur de notre liberté, et plus Dieu influe sur notre cœur, plus il nous rend libres. Les actes que nous posons sous l'action de l'Esprit Saint viennent de Dieu mais sont aussi des actes pleinement libres, pleinement voulus, pleinement nôtres. Parce que Dieu est plus intime à nous que nous-mêmes.

6. Jn 3, 8.

Cependant, dans la manière dont l'Esprit conduit une existence, fait grandir dans la foi, l'espérance et l'amour (car il œuvre toujours avec cette finalité), il y a certaines grandes constantes qu'il n'est pas impossible de relever. Nous voudrions tenter de le faire, à partir d'une méditation sur les mystères du Rosaire.

Le Rosaire, avec ses différents mystères, joyeux, douloureux, glorieux, est une très belle prière, par laquelle nous nous confions à la Vierge pour entrer en communion avec les évènements de la vie du Christ, mystères toujours vivants et vivifiants. Mais il est aussi comme un symbole de toute l'existence chrétienne. Marthe Robin disait : « toute vie est une messe » ; on pourrait dire de manière analogue que toute vie est un rosaire. Nous ne le percevrons sans doute qu'à la fin, quand il sera totalement égrené, et que notre existence aura trouvé sa forme et son harmonie définitives, au-delà de ce qu'elle peut présenter d'apparemment chaotique dans son déroulement visible.

De même que le Rosaire contient des mystères joyeux, douloureux et finalement glorieux, on pourrait dire qu'en ce qui concerne le travail du Saint-Esprit dans notre existence, il y a des « effusions » joyeuses, douloureuses et glorieuses. L'ordre évoqué a son importance, même si les choses se déroulent de manière plus cyclique que linéaire.

Il y a des effusions de l'Esprit qui illuminent et révèlent, des effusions de l'Esprit qui dépouillent et appauvrissent, des effusions de l'Esprit qui confirment et fortifient. Les trois sont nécessaires : les premières pour faire naître la foi, les secondes pour enseigner l'espérance, les troisièmes pour communiquer le courage pour aimer.

Nous allons prendre l'exemple de la vie de saint Pierre, personnage bien familier pour nous lecteurs de l'Evangile, et dont l'itinéraire est très significatif. Dans des milieux du Renouveau où l'on parle souvent de l'effusion du Saint-Esprit, si je pose la question: « Quand saint Pierre a-t-il reçu l'effusion du Saint-Esprit? » on me répond en général: « à la Pentecôte! » C'est vrai bien sûr, mais j'ajoute que ce n'est pas la seule fois, et que selon moi Pierre a vécu d'autres « effusions du Saint-Esprit » avant celle dont nous parlent les Actes des Apôtres. Il y en a au moins deux que je me plais à évoquer.

3. La vocation et le don de la foi

La première effusion du Saint-Esprit dans la vie de saint Pierre est sans doute celle qui correspond au moment de sa vocation, quand Pierre s'est senti poussé à tout quitter, métier, filets, barque, famille, pour suivre Jésus. Pierre a été profondément touché par le message et surtout la personne du Seigneur: « *Jamais homme n'a parlé comme cet homme* ». Pierre a été saisi et enthousiasmé par le prophète de Galilée, il pressent que ses paroles sont paroles de vie éternelle. Il devine en même temps qu'en répondant à l'appel que Jésus lui adresse: « *Viens et suis-moi* », sa vie est destinée à prendre un tour tout à fait nouveau, et sera désormais consacrée à un projet extraordinaire. L'Esprit Saint révèle à Pierre à la fois qui est Jésus, et le sens nouveau de sa propre existence, suscitant en lui une joie et un bonheur très grands. C'est une extraordinaire aventure spirituelle qui commence, et Pierre en est quelque peu enivré.

Il s'agit de ces « effusions joyeuses » de l'Esprit Saint, qui ouvrent le cœur et les horizons, qui révèlent la beauté du mystère du Christ et notre vocation à le suivre. L'Esprit enrichit notre existence d'une présence nouvelle du Christ et d'une compréhension nouvelle de ce qu'est le sens de notre vie. Dans ces moments-là, le rôle principal de l'Esprit est d'illuminer, et d'éveiller dans le cœur de l'homme une réponse, qui est l'adhésion de la *foi*.

4. Les larmes de Pierre, et le don de l'espérance

Mais l'Esprit Saint n'est pas toujours celui qui enrichit, il est aussi celui qui appauvrit. Il n'est pas seulement celui qui dilate les horizons et le cœur, mais aussi celui qui fait passer par des portes bien étroites… Cela Pierre l'éprouvera surtout au moment le plus terrible de sa vie, celui de sa trahison. Son reniement aussi deviendra, en vertu de la miséricorde divine, l'occasion d'une profonde effusion de l'Esprit Saint, qui se manifestera à travers ses larmes. Larmes dans lesquelles le chef des Apôtres sentira toute sa misère et son péché, mais recevra aussi l'espérance du pardon.

Cette trahison de Pierre a été pour lui une terrible chute. Quelques heures auparavant, il s'était déclaré devant tous disposé à suivre Jésus jusqu'à la prison et même la mort. Il était le chef des

Apôtres ; comme tel, il avait conscience de son devoir particulier d'entraîner le groupe, et de donner à tous un bon exemple. Jésus l'avait choisi pour cela, et il ne s'était certes pas trompé dans son choix ! Pierre était tout entier donné à sa mission ainsi comprise ! Mais voilà que les belles proclamations et le sens aigu que Pierre avait de sa responsabilité à l'égard des autres disciples, tout cela s'écroule en quelques secondes. Il suffit qu'une petite servante lui pose dans la cour du grand-prêtre la question : « *N'es-tu pas toi aussi un disciple de cet homme ?* » Et par trois fois Pierre reniera son Maître en jurant n'avoir rien à faire avec lui... Quelle dégringolade ! Le premier est devenu le dernier ! Mais l'Esprit Saint, qui est le Père des pauvres, se sert de cette chute lamentable pour toucher à nouveau profondément le cœur de l'Apôtre : Pierre croise le regard de Jésus, et dans ce regard il comprend toute l'horreur de sa trahison, il voit toute sa misère, mais en même temps il perçoit qu'il n'est pas condamné, qu'il est aimé plus tendrement que jamais, et qu'il y a pour lui une espérance de relèvement et de salut. Et Pierre fond en larmes, larmes dans lesquelles son cœur est déjà purifié. La chance de Pierre est d'avoir accepté de rencontrer le regard de Jésus... Pourquoi, Judas, as-tu fui ce regard et t'es-tu ainsi laissé enfermer dans le désespoir ? Pour toi aussi il y avait jusqu'au dernier moment l'espérance du salut et du pardon ! Ton péché n'était pas pire que celui de Pierre...

Dans ce regard du Maître, Pierre a vécu une effusion de l'Esprit Saint. Une de ces effusions douloureuses, qui appauvrissent, qui dépouillent radicalement, mais qui se révèlent en fin de compte infiniment bénéfiques, parce qu'elles montrent à l'homme son impuissance, sa misère radicale, son néant absolu, et l'obligent désormais à ne plus s'appuyer sur ses propres forces, sur ses prétendues qualités et les vertus qu'il croit posséder, mais à compter exclusivement sur la miséricorde et la fidélité divines, entrant ainsi dans la liberté véritable.

Les Pères du désert n'hésitaient pas à dire: « Celui qui voit son péché est plus grand que celui qui ressuscite les morts. » L'Esprit Saint a fait opérer à Pierre un basculement fondamental: il est passé de la confiance en lui-même à la confiance en Dieu, il est passé de la présomption à l'*espérance*. Nous pouvons dire qu'à l'occasion de son reniement, Pierre a perdu toutes les vertus qu'il pratiquait auparavant et qu'il croyait posséder: sa ferveur, sa fidélité au Maître, son courage, etc. Tout a volé en éclats en quelques secondes. Par contre, Pierre a commencé pour la première fois de sa vie à pratiquer une autre vertu, qu'il ne connaissait pas auparavant: la vertu d'espérance. Tant qu'on compte sur soi, sur ses propres forces, tant qu'on n'est pas radicalement pauvre, on ne peut pas exercer véritablement l'espérance. Car l'espérance est la vertu que pratique celui qui se sait infiniment faible et fragile, qui ne s'appuie aucunement sur lui-même, mais qui compte fermement sur Dieu, qui attend tout de lui et de lui seul avec une immense confiance. Rencontrant le regard de Jésus, bouleversé jusqu'aux larmes, Pierre a pour la première fois de sa vie posé un véritable *acte d'espérance*: ce que je ne suis pas capable de faire par mes propres forces, je l'attends de Toi ô mon Dieu, et non pas en vertu de mes mérites, car je n'en ai aucunement, mais en vertu de Ta seule miséricorde.

Cet épisode de la vie de Pierre comporte un enseignement fondamental : l'espérance véritable, théologale (qui relie vraiment à Dieu) ne peut provenir que d'une expérience de pauvreté foncière. Tant qu'on est riche, on compte sur ses richesses ; on ne peut pas faire autrement, cela est trop « incrusté » en nous. Pour apprendre l'espérance, qui consiste à compter sur Dieu seul, il faut passer par des appauvrissements radicaux. Mais ces appauvrissements sont la source d'un grand bonheur, car ils sont une étape préalable à une extraordinaire expérience de la bonté, de la fidélité et de la puissance de Dieu. *« Heureux les pauvres en esprit* – les dépouillés par l'Esprit pourrait-on traduire – *car le Royaume des Cieux leur appartient »*[7].

5. La Pentecôte et le don de la charité

Pour continuer dans ce symbolisme du Rosaire et passer enfin aux mystères glorieux, je dirais que la Pentecôte a été pour Pierre et pour les autres disciples une « effusion glorieuse » du Saint-Esprit. Effusion qui remplit la personne de la présence divine, qui unit intimement au Christ, et dont le fruit le plus beau est *le courage pour aimer.* Au Cénacle Pierre reçoit, selon la promesse de Jésus, une force venue d'en haut[8]. Force qui est celle de la

---

7. Mt 5, 3.
8. Ac 1, 8.

charité, le feu de l'amour, le courage d'aimer Dieu plus que tout, de le confesser avec audace devant les hommes et de consacrer toute sa vie au service du prochain par l'annonce de l'Evangile. Brûlant de cette charité répandue dans son cœur par le Saint-Esprit, Pierre sera désormais un apôtre infatigable, joyeux des occasions qui lui sont données de souffrir pour le nom de Jésus[9], tout entier donné au service de ses frères et sœurs, «*paissant le troupeau de Dieu avec tout l'élan de son cœur*»[10].

6. Le feu qui éclaire, brûle et transfigure

On peut faire un rapprochement intéressant entre ces trois aspects de la vie spirituelle, ces effusions joyeuses, douloureuses et glorieuses de l'Esprit Saint, et l'image du feu et de la bûche jetée dans la flamme utilisée par saint Jean de la Croix pour illustrer certains évènements de notre vie spirituelle, et faire comprendre que, quelles que soient les situations dans lesquelles l'âme est mise, heureuses ou pénibles, lumineuses ou obscures, c'est toujours le même amour qui opère, la même lumière qui l'investit.[11]

Quand le feu s'approche de la bûche, il commence par l'illuminer, l'éclairer, la réchauffer: cela correspond à un mystère joyeux. On est éclairé, réchauffé par l'amour divin qui se révèle à nous.

---

9. Ac 5, 41.
10. Cf son exhortation aux anciens de l'Eglise dans son épître: 1 P 5, 2-3.
11. *La nuit obscure,* livre 2 chapitre 19.

Quand le feu se fait plus proche, des effets apparemment inverses se produisent dans un premier temps : le bois en contact avec la flamme se met à noircir, à fumer, à sentir mauvais, à émettre goudron et autres substances dégoûtantes. C'est l'effusion douloureuse : pénétrée plus profondément par l'implacable lumière divine, l'âme fait la profonde et douloureuse expérience de sa misère, de son péché, de son impureté radicale. Cette phase dure le temps qu'il faut, jusqu'à ce que le feu purificateur ait achevé son œuvre, et que l'âme toute entière soit illuminée et embrasée, transformée en feu d'amour, comme le bois qui désormais tout incendié est devenu lui-même feu. C'est l'effusion glorieuse, dans laquelle l'âme est fortifiée dans la charité, ce feu que Jésus est venu allumer sur la terre.

L'enseignement principal de cet image est, me semble-t-il, d'un grand optimisme : nous ne devons pas craindre ces moments où l'expérience de notre misère nous anéantit, ne pas désespérer mais continuer à nous livrer à Dieu dans la confiance, sûrs que tôt ou tard cette misère deviendra charité ardente. Sainte Thérèse de l'Enfant-Jésus écrit en ces termes à sa sœur Marie du Sacré-Cœur : « Restons bien loin de tout ce qui brille, aimons notre petitesse... alors nous serons pauvres d'esprit, et Jésus viendra nous chercher. Aussi loin que nous soyons, il nous transformera en flammes d'amour »[12].

12. Lettre 197 du 17 sept. 1896.

7. Dynamisme des vertus théologales et rôle clé de l'espérance

Saint Séraphim de Sarov affirme que le but de la vie chrétienne, c'est l'acquisition du Saint-Esprit. Mais on pourrait ajouter, et les évènements de la vie de saint Pierre que nous venons de méditer le montrent bien, que le but du travail du Saint-Esprit dans notre vie est de susciter et de faire croître les vertus théologales de foi, d'espérance et de charité. C'est pourrait-on dire son « rôle » principal, et tous les autres charismes, dons ou opérations de la grâce ne sont que des moyens en vue de l'augmentation de la foi, de l'espérance, de l'amour.

On ne peut pas séparer les trois vertus théologales. Aucune d'elles ne peut exister vraiment sans les deux autres. Nous voudrions proposer maintenant quelques réflexions sur la manière dont elles s'articulent entre elles. Ce que nous allons dire a des conséquences concrètes très importantes dans la vie spirituelle.

La plus importante des trois, c'est bien sûr la charité, l'amour. « *Au soir de la vie, nous serons jugés sur l'amour* » dit saint Jean de la Croix. Il faut relire le merveilleux « Hymne à la charité » de la deuxième lettre aux Corinthiens où saint Paul met bien en évidence son rôle essentiel: « *Même si j'avais la foi à transporter les montagnes, si je n'ai pas l'amour, je ne suis rien* »[13]. Il ajoute un peu plus loin: « *Maintenant donc demeurent foi, espérance, charité, ces trois choses, mais la plus grande d'entre elles, c'est la*

13. 1 Co 13, 2.

charité»[14]. Foi et espérance sont provisoires, elles sont pour cette terre seulement, ensuite elles passeront: dans le Ciel, la foi sera remplacée par la vision, l'espérance par la possession, seul «*l'amour ne passera jamais*»: la charité ne sera remplacée par rien, car elle est le terme. Ce qui veut dire que l'amour est sur cette terre la participation la plus pleine à la vie du Ciel, la foi et l'espérance étant au service de l'amour, qui seul a un caractère définitif.

Ceci dit, il est de première importance de comprendre qu'ici-bas l'amour ne peut exister sans ses «servantes» que sont la foi et l'espérance, il a absolument besoin d'elles pour croître et se développer. Expliquons pourquoi.

8. L'amour a besoin d'espérance, l'espérance se fonde sur la foi

Il ne peut pas y avoir de charité sans espérance. La charité, si elle est le fruit ultime de la vie théologale, ne peut se développer que dans des conditions favorables. L'amour a besoin d'espace pour se déployer et grandir; il est une réalité merveilleuse, mais en un certain sens fragile; car sans son «espace vital», l'amour sera facilement étouffé, comprimé, stérilisé. Le «milieu» particulier dont la charité a besoin pour se déployer, est précisément constitué par l'espérance. Si l'on est attentif à ce qui se passe en soi, on se rend compte que si l'amour ne grandit pas ou s'il se refroidit,

---

14. 1 Co 13, 13.

c'est bien souvent parce qu'il est étouffé par des soucis, des peurs, des inquiétudes, des découragements.[15]

L'amour est d'une certaine manière naturel à l'homme, celui-ci a été créé pour aimer, et porte une aspiration profonde à se donner.[16] Comme le fait comprendre une parabole de l'Evangile, l'amour pourrait très bien croître tout seul dans son cœur comme le blé qui, une fois semé, pousse de lui-même, que le paysan veille ou qu'il dorme.[17] Mais de fait, bien souvent, l'amour ne grandit pas. Son développement est bloqué par quelque chose. Il peut s'agir de l'égoïsme, de l'orgueil, « *des soucis du monde et de la séduction de la richesse* » selon les termes de l'Evangile,[18] ou encore d'autres entraves. Mais la plupart du temps la racine du problème est un manque d'espérance.

A cause de ce manque d'espérance nous ne croyons pas vraiment que Dieu puisse nous rendre heureux, alors nous construisons un bonheur avec nos recettes à nous : c'est la convoitise égoïste. Nous n'attendons pas de Dieu d'exister en plénitude, alors nous nous construisons une identité artificielle : c'est l'orgueil. Ou bien, et c'est la situation la plus courante chez les personnes de bonne volonté, nous voudrions bien aimer, être généreux

15. Dans un dialogue avec sainte Faustine, Jésus lui affirme que « *les plus grands obstacles à la sainteté sont le découragement et l'inquiétude* ». Op. cit. p.480.

16. Même si on en a rarement conscience, le besoin le plus profond de l'homme est sans doute celui de se donner.

17. Mc 4, 26.

18. Mt 13, 22.

dans l'amour et le don de nous-mêmes, mais nous sommes ligotés par des peurs, des hésitations, des inquiétudes. Le manque d'espérance, le manque de confiance dans ce que la grâce divine peut opérer en notre vie et en ce que nous pouvons réaliser avec son aide, a comme conséquence inéluctable un rétrécissement du cœur, une diminution de la charité. Inversement, comme le dit Thérèse de Lisieux, la confiance conduit à l'amour.

Quand une personne perd sa ferveur, son élan, sa générosité dans l'amour de Dieu et du prochain, c'est bien souvent parce qu'il y a un découragement, voire une sorte de désespoir secret, qui a commencé à s'infiltrer dans son cœur, et qui a un effet démobilisateur. A cause d'échecs, de déceptions, de difficultés, de l'expérience de notre misère, d'inquiétudes qui nous rongent, nous perdons notre énergie, et nous « baissons les bras ». Le remède à tout cela, le moyen alors de réveiller l'amour, ce n'est pas un effort volontariste, mais c'est de *ranimer l'espérance*, de retrouver une nouvelle confiance dans ce que Dieu peut faire pour nous (quelle que soit notre misère) et dans ce que nous pouvons entreprendre avec l'aide de sa grâce.

Je crois, par expérience de l'accompagnement spirituel, que la plupart des manques d'amour, de ferveur, de générosité, proviennent en fait d'un découragement plus ou moins conscient. « C'est le découragement qui perd les âmes » disait Libermann. La thérapie appropriée est alors de découvrir cette racine de découragement, ce « point de désespoir », et d'y porter le remède spécifique, qui est de redonner à la personne sur cet aspect particulier de sa vie un regard d'espérance.

Cela correspond aussi à une réalité psychologique toute simple mais importante[19] : pour que notre volonté soit forte et entreprenante, elle a besoin d'être animée par le désir. Et le désir ne peut être fort que si ce qui est désiré est perçu comme accessible, possible. Si l'on se représente quelque chose comme inaccessible, on cesse de le désirer et de le vouloir avec force. On ne peut pas vouloir quelque chose de manière efficace si psychologiquement on a le sentiment qu'on n'y « arrivera pas ». Quand la volonté est défaillante, il faut pour la réveiller opérer un travail de « recadrage » de nos représentations qui nous permette à nouveau de percevoir ce que nous voulons comme accessible et désirable.

L'espérance est la vertu qui opère ce recadrage : par elle, je sais que je peux tout attendre de Dieu avec une pleine confiance. « *Je peux tout en celui qui me rend fort* » dit saint Paul.[20] L'espérance guérit de la peur et du découragement, elle dilate le cœur, et permet ainsi à l'amour de se déployer.

Mais l'espérance à son tour a besoin, pour constituer véritablement une force, d'un fondement solide, d'une vérité sur laquelle s'appuyer. Ce fondement lui est donné par la foi : je peux « *espérer contre toute espérance* »[21] parce que « *je sais en qui j'ai mis ma foi* »[22]. La foi me fait adhérer à la vérité transmise par l'Ecriture, laquelle ne cesse de

---

19. Le dynamisme de la foi, de l'espérance, de l'amour est enraciné dans notre structure psychologique.
20. Ph 4, 13.
21. Rm 4, 18.
22. 2 Tm 1, 12.

me dire la bonté de Dieu, sa miséricorde, sa fidélité absolue à ses promesses. Par la Parole de Dieu, nous dit l'épître aux Hébreux, « *nous sommes puissamment encouragés – nous qui avons trouvé un refuge – à saisir fortement l'espérance qui nous est offerte. En elle, nous avons comme une ancre de notre âme, sûre autant que solide, et pénétrant par-delà le voile, là où est entré pour nous, en précurseur, Jésus* »[23].

L'Ecriture nous révèle l'amour absolument inconditionnel et irrévocable de Dieu pour ses enfants, manifesté dans le Christ, né, mort, ressuscité pour nous. « *Il m'a aimé et s'est livré pour moi* »[24]. Par la foi, le cœur adhère à cette vérité, et y trouve une immense et indestructible espérance. « La foi est la mère de l'amour et de l'espérance, aussi bien que de la confiance et de l'assurance. »[25]

9. Rôle clé de l'espérance

Les considérations précédentes montrent le rôle clé de l'espérance dans la vie chrétienne. On pourrait dire que si, en soi, la charité est la plus grande des trois vertus théologales, dans la vie pratique, c'est l'espérance qui est la plus importante. Tant que l'espérance est là, l'amour se développe. Si l'espérance s'éteint, l'amour se refroidit. Un monde sans espérance devient vite un monde sans amour. Mais l'espérance elle-même a besoin

---

23. He 6, 19.
24. Ga 2, 20.
25. *Poustinia*, Catherine de Hueck Doherty, éd. du Cerf, p. 142.

de la foi, dont elle est l'expression véritable. Il n'y a pas de foi vivante sans œuvres, et la première œuvre produite par la foi est l'espérance. Saint Jean Climaque, un Père du VIIe siècle, dit que « la foi met à notre portée ce qui semblait sans espoir », et il ajoute : « L'homme de foi n'est pas celui qui croit que Dieu peut tout, mais celui qui croit pouvoir tout obtenir de Dieu. »

Il faudrait méditer sans cesse les paroles de saint Jean de la Croix, qui ont été décisives pour encourager Thérèse de Lisieux dans sa « petite voie de confiance et d'amour », quand il dit : « On obtient de Dieu autant qu'on en espère »[26]. Dieu ne nous donne pas selon nos qualités ou nos mérites, mais selon notre espérance. Cette vérité est extraordinairement libératrice : à supposer que toutes nos ressources humaines et spirituelles soient mises en faillite, il nous resterait toujours celle, invincible, de l'espérance.

Mais l'espérance ne peut naître que dans la pauvreté, comme nous l'avons dit plus haut. Ce qui illustre combien la pauvreté en esprit est la clé de toute croissance vraie dans l'amour. *« Heureux les pauvres en esprit, car le Royaume des cieux leur appartient. »*[27]

10. Dynamisme du péché, dynamisme de la grâce

Nous avons donc mis en évidence ce dynamisme propre à la vie théologale : la foi produit

26. *Nuit obscure,* livre 2, chapitre 10.
27. Mt 5, 3.

l'espérance, et l'espérance rend possible et favorise le déploiement de l'amour. Ce dynamisme est le fruit de la grâce, il est l'œuvre de l'Esprit Saint, mais passe bien sûr par la coopération de notre volonté. Ce dynamisme positif s'oppose point par point au dynamisme négatif du péché :

Foi ⇨ espérance ⇨ amour
Doute ⇨ méfiance ⇨ péché

Quand on analyse ce qu'est le péché, comment il prend possession du cœur de l'homme, en particulier en lisant le récit de la faute d'Adam et Eve dans le deuxième chapitre de la Genèse, on peut remarquer qu'à la racine du péché, il y a le *doute*, le soupçon sur Dieu : Dieu est-il aussi bon qu'il le dit ? Peut-on se fier à sa parole ? Est-il vraiment Père ? De ce doute naît la *méfiance* : on n'attend pas de Dieu qu'il puisse nous combler, nous rendre heureux. Alors on essaie de se débrouiller par soi-même, dans la désobéissance, et ainsi naissent l'égoïsme, la convoitise, la jalousie, la peur, le conflit, la violence et tout le cortège du mal.

Cela nous fait comprendre combien la foi est fondamentale : elle est la racine de notre guérison et de notre libération ; à partir d'elle s'engendre tout un processus de vie qui est la guérison du processus de mort enfanté par le péché. C'est pourquoi Jésus insiste tellement sur la foi. « *Si vous aviez de la foi comme un grain de sénevé, vous diriez à cette montagne de se jeter dans la mer, et elle vous obéirait* »[28]. « *La foi est la garantie des biens que nous espérons* », dit la lettre aux Hébreux.[29]

28. Mt 17, 20 .
29. He 11, 1.

11. Espérance et pureté du cœur

Nos réflexions mettent bien en évidence le rôle clé de l'espérance dans notre vie : fondée sur la foi, c'est elle qui permet à l'amour de grandir et de s'épanouir. Elle est – pourrait-on dire – la vertu chrétienne par excellence. L'essence du combat chrétien c'est de conserver, grâce à la force de la foi, un regard d'espérance sur toute situation, sur nous-même, sur les autres, sur l'Eglise et le monde, regard d'espérance qui permet de réagir à toute situation en aimant. Au contraire, si l'espérance baisse, l'amour se refroidit automatiquement, on se replie dans des stratégies craintives et égoïstes. C'est grâce à l'espérance que, tous les matins, nous pouvons recommencer, nous décider à aimer. Elle est comme une source qui renouvelle et purifie sans cesse le cœur et lui donne, par-delà les fatigues, les lassitudes, une nouvelle jeunesse pour aimer.

La Béatitude : « *Heureux les cœurs purs, car ils verront Dieu* »[30] contient une des plus belles promesses de l'Evangile. Je suis frappé par le lien que saint Jean exprime dans sa première lettre entre l'espérance et la pureté du cœur. Dans les deux premiers versets du chapitre 2, il fait un très beau résumé du contenu de l'espérance chrétienne : « *Voyez quelle manifestation d'amour le Père nous a donnée pour que nous soyons appelés enfants de Dieu. Et nous le sommes ! Si le monde ne nous connaît pas, c'est qu'il ne l'a pas connu. Bien-aimés, dès maintenant, nous sommes enfants de Dieu, et ce que nous serons n'a*

30. Mt 5, 8.

pas encore été manifesté. Nous savons que lors de cette manifestation, nous lui serons semblables, car nous le verrons tel qu'il est. » Et l'Apôtre poursuit en disant : « *Quiconque a cette espérance en lui, se rend pur comme celui-là est pur.* » L'espérance, semble-t-il dire, a le pouvoir de purifier le cœur.

Cette affirmation étonnante est de fait conforme à la grande tradition prophétique de l'Ancien Testament, pour laquelle le cœur pur n'est pas tant celui qui est indemne de toute faute, de toute blessure, que celui qui met toute son espérance en Dieu, qui est sûr de l'accomplissement de ses promesses. Le cœur pur est celui qui ne compte pas sur lui-même, ni sur des « combines » et des calculs humains, mais celui qui attend tout de Dieu avec une ferme confiance, qui espère en Dieu, et en *lui seul.* L'impureté du cœur c'est l'attitude de duplicité, si souvent dénoncée par les prophètes, de l'homme qui, comme il n'a pas une pleine confiance en Dieu, va aussi s'adresser aux idoles, et quémander ailleurs un salut qu'il n'est pas tout à fait sûr de recevoir de Dieu. Le cœur impur, c'est le cœur hésitant et partagé.

Celui qui a le cœur pur verra Dieu ; il le contemplera dans l'éternité, mais déjà en cette vie il verra Dieu agir : Dieu répondra à son attente et interviendra en sa faveur. Qui espère en Dieu ne sera pas déçu.

Nous ne pouvons manquer, à propos de ce thème du rôle purificateur de l'espérance, de citer un passage de celui qui en a été le plus grand poète, Charles Péguy. Dans *Le porche du mystère de la deuxième vertu,* il fait parler en ces termes Dieu, qui s'étonne lui-même du fait que l'espérance renaisse sans cesse dans le cœur de l'homme :[31]

On se demande, on dit : Mais comment que ça se fait
Que cette fontaine Espérance éternellement coule,
Qu'elle jaillit éternellement, qu'elle source éternellement
Qu'elle coule éternellement,
Eternellement jeune, éternellement pure.
Eternellement fraîche, éternellement courante.
Eternellement vive.
Où cette enfant prend-elle tant d'eau pure et tant d'eau claire.
Tant de jaillissement et tant de ressourcement.
Est-ce qu'elle les crée ? A mesure ?
– Non, dit Dieu, il n'y a que moi qui crée.
– Alors, où prend-elle toute cette eau.
Pour cette fontaine jaillissante.
Comment que ça se fait que cette éternelle fontaine
Eternellement jaillisse.
Que cette éternelle source
Eternellement source.
Il doit y avoir un secret là-dedans.
Quelque mystère.
Pour que cette source éternellement ne se trouble point aux lourdes, aux épaisses pluies d'automne.
Pour qu'éternellement elle ne tarisse point aux ardentes ardeurs de juillet.
– Bonnes gens, dit Dieu, ce n'est pas malin.
Son mystère n'est pas malin et son secret n'est pas difficile.

31. *Œuvres poétiques complètes,* Charles Péguy, Bibliothèque de la Pléiade, © éd. Gallimard, p. 639.

Si c'était avec de l'eau pure qu'elle voulût faire des sources pures,
Des sources d'eau pure,
Jamais elle n'en trouverait assez, dans (toute) ma création.
Car il n'y en a pas beaucoup.
Mais c'est justement avec les eaux mauvaises qu'elle fait ses sources d'eau pure.
Et c'est pour cela qu'elle n'en manque jamais.

Mais c'est aussi pour cela qu'elle est l'Espérance.

Maintenant comment elle s'y prend pour faire de l'eau pure avec de l'eau mauvaise,
De l'eau jeune avec de l'eau vieille,

Des jours jeunes avec de vieux jours.
De l'eau neuve avec de l'eau usée.

Des sources avec de la vieille eau.
Des âmes fraîches avec des vieilles âmes.

Des sources d'âme avec de la vieille âme.
De l'eau fraîche avec de l'eau tiède.

Malheur à celui qui est tiède.

Des matins jeunes avec des vieux soirs.
Des âmes claires avec des âmes troubles

De l'eau claire avec de l'eau trouble.
De l'eau, des âmes enfants avec des âmes usées.

Des âmes levantes avec des âmes couchantes.
Des âmes courantes avec des âmes stagnantes.

Comment elle y réussit, comment elle s'y prend,
Ça, mes enfants, c'est mon secret.
Parce que je suis son Père.

Des âmes neuves avec des âmes qui ont déjà servi.
Des jours neufs avec des jours qui ont déjà servi.

Des âmes transparentes avec des âmes troubles.
Des âmes levantes avec des âmes couchées.
Des jours transparents avec des jours troubles.

Si c'était avec des jours transparents qu'elle fît des jours transparents.
Si c'était avec des âmes, avec de l'eau claire qu'elle fît des sources.
Avec de l'eau claire qu'elle fît de l'eau claire.
Si c'était avec de l'âme pure qu'elle fît de l'âme pure,
Parbleu, ça ne serait pas malin. Tout le monde pourrait en faire autant. Et il n'y aurait là aucun secret.

Mais c'est avec une eau souillée, une eau vieillie, une eau fade.
Mais c'est d'une âme impure qu'elle fait une âme pure et c'est le plus beau secret qu'il y ait dans le jardin du monde.

QUATRIÈME PARTIE

IV – DE LA LOI À LA GRÂCE : GRATUITÉ DE L'AMOUR

1. La loi et la grâce

Un auteur du Nouveau Testament chez qui le thème de la liberté chrétienne est souvent évoqué est saint Paul. Dans le Christ, le croyant passe de l'esclavage à la liberté, et l'Apôtre se fera dans ses épîtres un ardent défenseur de la *« liberté de la gloire des enfants de Dieu »* [1].

Prenons comme point de départ de notre méditation de sa pensée le chapitre cinq de la lettre aux Galates, et l'affirmation du premier verset : *« C'est pour que nous restions vraiment libres que le Christ nous a libérés. Tenez donc ferme et ne vous laissez pas remettre sous le joug de l'esclavage. »* Paul est très préoccupé par le risque pour le croyant de perdre d'une manière ou d'une autre cette liberté si précieuse que le Christ lui a obtenue, ce qui explique la vigueur du ton de la lettre aux Galates :

1. Rm 8, 21.

« J'admire avec quelle rapidité vous vous êtes détournés de celui qui vous a appelés par la grâce du Christ pour passer à un autre évangile »[2]. *« O Galates stupides, qui vous a envoûtés alors que sous vos yeux a été exposé Jésus-Christ crucifié ? »*[3]

Comment, selon Paul, le chrétien est-il menacé de perdre sa liberté ? Dans le chapitre en question, l'Apôtre dénonce les deux « pièges » par lesquels cela peut se produire : celui de la ***loi*** et celui de la ***chair***.

2. Là ou règne l'Esprit, là est la liberté. Liberté et libertinage

Le piège de la chair[4] est exposé dans les versets 13 à 25, il est facile à comprendre : sous prétexte de liberté, au lieu de suivre les impulsions de l'Esprit, de se *« mettre par amour au service les uns des autres »*, et de voir ainsi se manifester les fruits de l'Esprit : *« Amour, joie, paix, patience, bonté, bienveillance, foi, douceur, maîtrise de soi »*, on se livre aux passions, à l'égoïsme, au péché sous toutes ses formes : *« libertinage, impureté, débauche, idolâtrie, magie, haines, discorde, jalousie, emportements, rivalités, dissensions, factions, envie, beuveries, ripailles et autres choses semblables »*. Paul nous rappelle un enseignement classique, mais qu'il n'est pas inutile de redire dans

2. Ga 1, 6.
3. Ga 3, 1.
4. La chair ne désigne pas ici le corps, mais la nature humaine blessée et pécheresse. Elle désigne ce qui dans l'homme résiste à Dieu.

notre époque de confusion : le libertinage n'est pas la liberté, il est à proprement parler un esclavage, dans lequel l'homme est prisonnier de ce qu'il y a en lui de plus superficiel : ses convoitises égoïstes, ses peurs, ses blessures, etc. Le chrétien doit en être conscient. Il ne peut faire l'économie d'un combat incessant contre les tendances décrites par saint Paul, et il doit s'ouvrir en permanence aux grâces de guérison qui viennent de la croix du Christ pour s'en libérer progressivement, de manière à pouvoir suivre les sollicitations intérieures de l'Esprit vers le bien, car c'est en cela que consiste la vraie liberté. L'homme libre est celui qui par la grâce du Christ échappe à cette malédiction : « *Je ne fais pas le bien que je voudrais faire et je fais le mal que je ne voudrais pas faire... malheureux homme que je suis* » et devient capable d'accomplir effectivement le bien.

La question de fond sous-jacente à l'enseignement de saint Paul est celle du refus de l'idolâtrie qui court déjà tout au long de l'Ancien Testament. Le fidèle est invité à préserver sa liberté, à ne pas « *livrer son âme aux idoles* », c'est-à-dire à ne pas attendre d'une réalité quelconque de ce monde (le plaisir sensible, le pouvoir, la renommée, le travail, telle relation...) une plénitude, une paix, un bonheur, une sécurité que Dieu seul peut donner, sous peine d'être gravement déçu et de se faire beaucoup de mal à lui-même et aux autres.

Pour le lecteur d'aujourd'hui, il est bon de compléter l'enseignement de saint Paul en ajoutant que, si l'on veut que le combat pour s'affranchir des penchants mauvais ait quelques chances de succès, il faut noter deux choses. La première est que nos efforts ne suffiront pas, et seule la grâce du Christ pourra obtenir la victoire, le combat principal sera donc en fin de compte celui de la prière, de la patience, de l'espérance. D'autre part, on ne peut guérir une passion que par une autre passion, un amour dévié que par un amour plus grand, un comportement négatif que par un comportement positif qui ne nie pas mais assume le désir sous-jacent au premier. Un effort qui se contente d'affronter directement une conduite négative, sans percevoir que derrière celle-ci il y a une certaine attente, un certain besoin positif, qu'il faut reconnaître, n'aboutira pas dans le long terme. Une ascèse « brutale », qui ne fait pas un effort d'intelligence, de compréhension, en prenant en considération ce qu'une saine anthropologie nous enseigne de la personne, pour discerner derrière les comportements erronés quels sont les besoins que nous cherchons plus ou moins consciemment à combler, et leur proposer une satisfaction légitime ou une transposition compatible avec la vocation de la personne, est vouée à l'échec.

3. Le piège de la loi

Mais il est très remarquable que, prioritairement à cet enseignement classique sur le danger de devenir esclaves de nos blessures et de nos tendances égoïstes, Paul veut faire comprendre qu'il y a un autre piège pour la liberté du chrétien, plus subtil, plus difficile à discerner et donc peut-être plus dangereux en fin de compte : le piège de la loi. Il s'agit d'une autre manifestation de la « chair », qui ne s'exprime pas par des désordres moraux, (elle peut prendre l'apparence de la moralité la plus stricte), mais dans laquelle au régime de la *grâce* on substitue celui de la *loi*, ce qui est de fait une perversion de l'Evangile. Expliquons pourquoi.

La circonstance historique qui pousse Paul à s'exprimer ainsi est connue : des personnes sont passées après coup dans la communauté où il a annoncé l'Evangile, et ont « rectifié » son enseignement en affirmant à ces chrétiens néophytes qu'ils ne pouvaient être sauvés sans la circoncision et sans la pratique des multiples prescriptions de la loi de Moïse. Paul réagit très vivement : si vous faites ainsi, *« vous avez rompu avec le Christ, vous êtes déchus de la grâce »*[5]. La loi en elle-même est bonne, elle prescrit des choses qui sont bonnes, elle aide à discerner le bien du mal, ce qui construit l'homme de ce qui le détruit, elle a un rôle nécessaire de pédagogue. Mais le piège est le suivant : en faisant de la pratique de la loi la condition du salut, on se met dans une logique selon laquelle le salut provient, non de l'amour gratuit de Dieu manifesté dans le Christ, mais des œuvres que l'homme accomplit. Ce sont deux logiques opposées l'une à l'autre. Celle de la grâce : l'homme reçoit gratuitement, indépendamment de ses mérites, le salut et l'amour de Dieu par le Christ, et gratuitement répond à cet amour par les œuvres bonnes que l'Esprit Saint lui accorde d'accomplir. Celle de la loi : c'est au prix de ses bonnes œuvres que

5. Ga 5, 4.

l'homme mérite le salut et l'amour de Dieu. Logiques opposées car l'une a comme fondement l'amour gratuit et inconditionnel de Dieu, l'autre l'homme et ses capacités.

Or Paul, en particulier à cause de son expérience personnelle, est très marqué par cet aspect absolument gratuit du salut reçu en Christ, et il le met souvent en relief, comme dans la lettre à Tite : *« Nous aussi, nous étions naguère des insensés et des rebelles, des égarés, esclaves d'une foule de convoitises et de plaisirs, vivant dans la malice et l'envie, odieux et nous haïssant les uns les autres. Mais le jour où apparurent la bonté de Dieu notre Sauveur et son amour pour les hommes, il ne s'est pas occupé des œuvres de justice que nous avions pu accomplir mais, poussé par sa seule miséricorde, il nous a sauvés par le bain de la régénération et de la rénovation en l'Esprit Saint »*[6]. De même dans l'épître aux Ephésiens : *« Dieu, qui est riche en miséricorde, à cause du grand amour dont il nous a aimés, alors que nous étions morts par suite de nos fautes, nous a fait revivre avec le Christ, – c'est par grâce que vous êtes sauvés ! – avec lui Il nous a ressuscités et fait asseoir aux cieux, dans le Christ Jésus »*[7].

La loi (non pas dans ce qu'elle prescrit, qui est bon), mais en tant que « logique de vie », manière de se situer face à Dieu, est perverse, elle mène à la mort, car elle contredit cette vérité de la gratuité du salut et finit par tuer l'amour.

6. 1 Tm 3, 3-4. Voir aussi 2 Tm 1, 9.
7. Ep 2, 4-6.

Elle peut me conduire à l'orgueil: je suis capable d'en accomplir les prescriptions, je me crois un juste et je méprise les autres qui n'en font pas autant. C'est le péché des pharisiens dénoncé avec force par Jésus dans l'Evangile, car rien ne tue autant l'amour et la compassion envers le prochain que cet orgueil spirituel. Mais la logique de la loi peut aussi me conduire au désespoir: si je suis incapable d'en accomplir pleinement les exigences, je tombe dans le désespoir, la culpabilité, je me sens condamné de manière irrémédiable.

Il faut ajouter que celui qui commence par l'orgueil, qui se prévaut de ses «réussites» spirituelles, tombera tôt ou tard dans le désespoir: car viendra inéluctablement le jour où il sera confronté à ses limites, vivra un échec retentissant, où ce succès spirituel basé sur ses propres efforts volera en éclats.

Cette logique de la loi, qui conduit à l'orgueil ou au désespoir, peut connaître bien des variantes. La piété rigide de celui qui agit en tout «par devoir», comme s'il avait une dette à payer à Dieu, alors que le Christ a acquitté toute dette de l'homme envers Dieu sur la Croix, et nous appelle à tout lui donner en retour par amour et reconnaissance, et non en vertu d'une dette quelconque. La peur de celui qui se sent toujours coupable et a le sentiment de ne jamais en faire assez pour Dieu. La mentalité mercantile de celui qui calcule ses mérites, mesure ses progrès, passe son temps à attendre de Dieu la récompense de ses efforts et se plaint quand les choses ne vont pas comme il voudrait. L'attitude superficielle de celui qui se croit arrivé dès qu'il a fait un peu de bien, et qui se décourage ou se révolte dès qu'il est confronté à ses limites. Ou encore l'étroitesse d'esprit de celui qui mesure tout à l'aune de prescriptions étroites, *« d'éléments sans force ni valeur »*[8], de *« prescriptions et doctrines humaines »*[9] du style : *« Ne prends pas, ne goûte pas, ne touche pas »*[10] au lieu de vivre le cœur dilaté par l'amour, et qui rend la vie impossible aux autres par son légalisme ou son perfectionnisme, devenant un être sans miséricorde.

Autant cette « logique de la loi » est source de mort (car l'orgueil, le désespoir, le légalisme, le mercantilisme et les autres attitudes que nous avons décrites tuent l'amour), autant la « logique de la grâce » est source de vie, car elle permet l'épanouissement de l'amour. La raison en est qu'il s'agit d'une logique de *gratuité*, et la gratuité est le seul régime selon lequel l'amour puisse exister, il n'en tolère pas d'autre. Je pense que l'une des paroles les plus fondamentales de l'Evangile est cette parole de Jésus : *« Ce que vous avez reçu gratuitement, donnez-le gratuitement »*[11]. L'amour de Dieu est absolument gratuit, il n'y a pas à le mériter, à le conquérir, il n'y a qu'à l'accueillir, au moyen de la *foi*, qui est la seule voie d'accès au salut selon saint Paul. Car elle est la disposition intérieure par laquelle l'homme accueille cet amour gratuit en lui faisant une pleine confiance. Cet amour accueilli gratuitement nous invite à aimer gratuitement en retour. De plus, il nous en confère progressivement

8. Ga 4, 8.
9. Col 2, 21.
10. Col 2, 22.
11. Mt 10, 8.

la possibilité, en renouvelant notre cœur par la grâce du Saint-Esprit, qui nous inspire les œuvres de l'amour et nous donne la force nécessaire pour les accomplir.

Vivre le plus possible selon cette « logique de la grâce » est la guérison à la fois de l'orgueil (mes œuvres ne sont ainsi pas les miennes, mais celles que Dieu me fait la faveur d'accomplir)[12] et du désespoir car, quels que soient mes échecs, je ne serai jamais enfermé dans une condamnation, je sais que je pourrai toujours recourir à l'amour absolument gratuit et inconditionnel de Dieu pour me relever.

La logique de la loi au contraire nous maintient dans une mauvaise dépendance : au lieu de ne dépendre que de l'amour et de la miséricorde de Dieu (et d'être alors libres, car ceux-ci nous sont toujours donnés gratuitement et sans mesure), nous dépendons de nous-mêmes : notre estime de la vie, la perception que nous avons de nous-mêmes, notre paix, notre sentiment de sécurité et ainsi de suite, dépendent de nos résultats, de nos succès ou de nos échecs dans l'accomplissement de certaines prescriptions. Cela nous empêche de goûter la glorieuse liberté des enfants de Dieu, qui se savent aimés inconditionnellement, indépendamment de leurs mérites et de leur « carnet de notes » bon ou mauvais !

12. Paul parle des *« bonnes œuvres que Dieu a préparées d'avance pour que nous les accomplissions »* Ep 2, 10.

4. Apprendre à aimer : donner et recevoir gratuitement

Nous sommes sur terre pour apprendre à aimer, en nous mettant à l'école de Jésus. Apprendre à aimer, c'est extrêmement simple : c'est apprendre à *donner gratuitement* et apprendre à *recevoir gratuitement*. Cette chose si simple nous est hélas terriblement difficile, à nous que le péché a rendus bien compliqués !

Il ne nous est pas naturel de *donner gratuitement* : nous avons fortement tendance à donner pour recevoir en retour. Le don de nous-mêmes est toujours plus ou moins motivé par une attente de gratification. L'Evangile nous invite à sortir de cette limitation pour pratiquer un amour aussi pur et désintéressé que celui de Dieu, un amour qui est libre car il est capable d'exister et de durer sans être conditionné par la réponse ou par le mérite de celui à qui il s'adresse : « *Aimez vos ennemis, faites du bien et prêtez sans rien attendre en retour. Votre récompense alors sera grande et vous serez les fils du Très-Haut, car il est bon, lui, pour les ingrats et les méchants. Montrez-vous compatissants comme votre Père est compatissant...* »[13]

Il ne nous est pas facile non plus de *recevoir gratuitement*. Nous voulons bien recevoir quelque chose si cela est un peu perçu comme la récompense de nos mérites, comme un dû. Recevoir gratuitement suppose aussi de faire confiance à celui qui donne, d'avoir le cœur ouvert et disponible

13. Lc 6, 35.

pour accueillir. Accueillir c'est aussi se livrer! Recevoir gratuitement suppose de plus beaucoup d'humilité. On ne peut recevoir gratuitement que si l'on se reconnaît et si l'on s'accepte pauvre; ce à quoi l'orgueil se refuse absolument. Nous sommes capables de revendiquer, d'exiger, mais rarement d'accueillir.

Nous péchons par manque de gratuité chaque fois que, dans notre relation à Dieu ou aux autres, le bien que nous avons accompli devient pour nous prétexte à revendiquer un droit, à exiger de la part de l'autre une reconnaissance ou une gratification. Mais aussi, plus subtilement, chaque fois que nous avons peur, à cause de telle ou telle limite ou défaillance personnelle, de ne pas recevoir d'amour, comme si l'amour devait se payer ou se mériter. L'Evangile cherche à tout faire pour briser cette logique.[14] Nous acceptons difficilement cette remise en cause de nos cadres (car elle nous insécurise terriblement), mais elle est vitale, car nous ne pourrons jamais trouver le bonheur en restant dans une logique de marchandage, de droits et de devoirs. Cette logique a sa raison d'être dans la société terrestre, mais nous devons peu à peu la dépasser pour entrer dans celle de l'amour.

Apprendre à donner et à recevoir gratuitement suppose une rééducation longue et laborieuse de notre psychologie, qui n'est pas « structurée » pour ce régime, mais qui a été conditionnée par des mil-

---

14. Par exemple quand il nous rappelle que nous sommes des serviteurs inutiles (Lc 17, 10) mais aussi que les ouvriers de la onzième heure reçoivent le même salaire que ceux de la première (Mt 20, 1-16).

lénaires de nécessité de lutter pour survivre.[15] On pourrait dire que l'irruption de la révélation divine et de l'Evangile dans le monde est comme un ferment évolutif, qui a pour but de faire « muter » notre psychisme vers une logique de gratuité, qui sera celle du Royaume, car c'est celle de l'amour. Il s'agit d'un processus de divinisation, car le but est de parvenir à aimer comme Dieu aime : « *Soyez parfaits comme votre Père du Ciel est parfait* »[16]. Divinisation qui est la véritable humanisation ! Evolution merveilleuse et libératrice, qui nécessite la coopération de notre liberté, et qui ne peut se produire que moyennant de douloureuses refontes de la psyché, vécues parfois comme une véritable mort. On ne peut entrer dans une nouvelle manière d'être qu'au prix du « deuil » de bien de nos comportements naturels, que par une sorte d'agonie. Mais, une fois franchie la « porte étroite » de cette conversion de nos mentalités, l'univers dans lequel nous entrons est splendide : c'est le Royaume, le monde où l'amour est la seule loi, qui est un para-

---

15. Nous avons de fait, malgré nos progrès technologiques, une psychologie qui est pourrait-on dire encore celle de l'homme préhistorique, autrement dit qui dans sa structuration même est en grande partie basée sur des mécanismes de survie, de défense etc., et qui n'est pas capable de relations confiantes et gratuites, d'amour libre et désintéressé. On pourrait dire que le travail de l'Esprit Saint est un travail visant à restructurer notre psychisme pour le rendre apte à fonctionner sur ce mode nouveau. On pourrait interpréter en ces termes l'opposition que fait saint Paul entre l'homme psychique et l'homme spirituel, entre le « vieil homme » et l' « homme nouveau ».

16. Mt 5, 48.

dis de gratuité, où l'amour peut s'échanger sans limites, se donner et se recevoir sans restriction, où il n'y a plus de « droits » et de « devoirs », rien à défendre ni rien à conquérir, plus d'opposition entre le « tien » et le « mien », où le cœur se dilate à l'infini. Dans ce monde nouveau règne l'amour, l'amour terriblement exigeant (car il demande tout : tant qu'on n'aime pas totalement, on n'aime pas vraiment) mais souverainement libre, car il n'a pas d'autre loi que lui-même.

CINQUIÈME PARTIE

V – PAUVRETÉ SPIRITUELLE ET LIBERTÉ

1. Le besoin d'être

Un des besoins les plus profond de l'homme est le besoin d'identité[1] : j'ai besoin de savoir qui je suis, j'ai besoin d'exister à mes propres yeux et à ceux des autres. Nous sommes tous en « manque d'être », manque qui est extrêmement profond. Ce besoin d'identité est tellement impérieux qu'il peut

1. Au plan psychologique et spirituel, le besoin le plus profond de l'homme est un besoin d'amour : aimer et être aimé. A ce besoin d'amour, de communion, sont liés nécessairement deux autres besoins fondamentaux : le besoin de vérité (pour aimer il faut connaître), et le besoin d'identité (pour aimer il faut être). A ces trois besoins fondamentaux correspondent les trois facultés spirituelles que distingue la théologie traditionnelle : la volonté, l'intelligence, la mémoire. Les vertus théologales permettent de trouver dans la relation à Dieu la satisfaction ultime de ces besoins : la foi fait accéder à la vérité, l'espérance permet de trouver en Dieu sa sécurité et son identité, la charité nous fait vivre en communion d'amour avec Dieu et avec le prochain.

conduire à des aberrations : on le constate particulièrement aujourd'hui, où des hommes et des femmes, des jeunes en particulier, sont capables de se donner le « look » le plus invraisemblable, simplement pour exister à leurs propres yeux et à ceux des autres, selon les modèles proposés par la culture ambiante, selon les critères de telle ou telle mode changeante auxquels on s'identifie. Les médias véhiculent aujourd'hui une multitude de modèles : le jeune cadre dynamique, le footballeur de l'équipe de France, la top-modèle, le loubard de banlieue...

Au plan le plus superficiel, ce besoin d'identité cherche fréquemment à s'assouvir par l'*avoir*, par la possession de biens matériels, par un certain style de vie extérieur : je m'identifie à mes richesses, mon apparence physique, ma moto et mon yacht. Il y a alors une terrible confusion : on prétend assouvir un besoin d'*être* par de ***l'avoir***. Cela peut faire illusion pendant un certain temps, mais ne dure pas beaucoup, et les déboires viennent très vite... Combien de personnes par exemple ont fini par réaliser qu'on s'intéressait à elles pour leur argent et non pas pour elles-mêmes, et après avoir été un temps les « rois de la fête » se sont trouvées renvoyées à une terrible solitude.

A un niveau un peu plus élevé, le besoin d'être va chercher à se satisfaire à travers l'acquisition et l'exercice de certains talents (sportifs, artistiques, intellectuels). C'est déjà mieux, mais il faut reconnaître que le risque est alors grand d'une confusion entre l'*être* et le *faire* : la personne est identifiée avec l'ensemble de ses talents et de ses compétences. Mais ne suis-je que cela ? Et si je viens à perdre mes capacités ? Si je suis le meilleur footballeur du monde et que je me retrouve en chaise roulante ? Si je connais par cœur toute la littérature française, et qu'un accident me fait perdre la mémoire ? Qui suis-je alors ?

Cette tendance à se constituer un « être » sur la base du « faire » a bien entendu un aspect positif dans la construction de la personne, qui se développe moyennant l'exercice de ses différentes capacités. Il est normal et bon que quelqu'un se découvre capable de faire telle ou telle chose, mette en œuvre ses potentialités, et ainsi sache qui il est, acquière une confiance en soi, expérimente la joie d'exprimer les talents qui ont été déposés en lui. L'éducation et la pédagogie se fondent en grande partie sur cette tendance, et c'est un bien.

Mais on ne peut identifier la personne avec la somme de ses aptitudes ; elle est bien plus que cela. On ne peut pas juger quelqu'un seulement sur ses capacités, chaque personne a une valeur et une dignité uniques, indépendantes de son « savoir faire ». Si on ne le perçoit pas, le risque est grand de se trouver un jour dans une « crise existentielle » profonde, face à un échec, ou d'avoir envers les autres une attitude de mépris quand on sera confronté à leurs limites et leurs incapacités. Cela peut beaucoup fausser les relations entre les personnes, les empêcher d'accéder à cette gratuité dont nous avons parlé dans le chapitre précédent, et qui est le propre de l'amour. Quelle place y a-t-il pour les pauvres, les handicapés, dans un monde où la personne n'existe qu'en fonction de son efficacité, du bien visible qu'elle est en mesure de produire ?

2. Orgueil et pauvreté spirituelle

Il est intéressant de faire à ce propos une réflexion sur la problématique de l'orgueil.[2] Nous naissons tous avec une blessure profonde, qui est vécue comme un manque, un manque d'être. On cherchera à combler ce manque par compensation : ce qui fait que chaque être humain cherchera à se constituer une identité compensatoire, différente de l'un à l'autre selon la forme de sa blessure. On se fabrique ainsi un « ego », différent du « soi » véritable, semblable à une baudruche que l'on gonfle. Ce moi artificiel a certaines caractéristiques qui lui sont typiques : comme il est artificiel, il requiert une grande dépense d'énergie pour être entretenu, et comme il est fragile, il demande à être défendu. L'orgueil et la dureté vont toujours de pair. La frontière de cette baudruche, loin d'être souple, est donc au contraire constituée de « tours de garde » pour protéger cette identité factice : malheur à celui qui la conteste, la menace, la met en discussion, gêne l'expansion de notre moi, il se verra l'objet de réactions violentes et agressives. Quand l'Evangile nous dit que nous devons « mourir à nous-mêmes », il veut en fait nous dire que doit mourir cet « ego », ce moi fabriqué artificiellement, pour que puisse émerger le « soi » véritable, donné par Dieu.

Cette même problématique se retrouve bien sûr dans le domaine de la vie spirituelle, où la recherche d'identité est comme partout ailleurs extrêmement opérante.

---

2. Ces réflexions sont empruntées à un article de frère Ephraïm, dans la revue *Ressources d'eau vive*

La tendance à se constituer un « moi » au plan de la vie spirituelle est normale et positive, elle est un ressort de la croissance humaine et spirituelle. Elle est une motivation pour progresser, acquérir des dons et talents, imiter tel ou tel modèle qui nous attire et auquel on s'identifie plus ou moins. Désirer être quelqu'un dans le domaine religieux, comme saint François d'Assise ou Mère Térésa, peut permettre de démarrer un chemin de sainteté, de répondre à une vocation et ainsi de suite. Il vaut certes mieux ambitionner d'être quelqu'un selon les valeurs de l'Evangile que dans le domaine du grand banditisme !

Mais la problématique est évidemment dangereuse si on ne la dépasse pas. On cherche à se réaliser par le biais des vertus, des qualités spirituelles. Ce qui veut dire qu'inconsciemment on s'identifie avec le bien que l'on est en mesure d'accomplir. C'est évidemment une bonne chose que d'accomplir le bien (de prier, de jeûner, d'être dévoué au service du prochain, de faire de l'évangélisation, d'avoir tel charisme etc.). Mais ce qui est extrêmement dangereux, c'est *de nous identifier avec le bien spirituel dont nous sommes capables.*

Car cette identité, pour supérieure qu'elle soit à l'identité qu'on trouve dans les richesses matérielles ou dans les talents humains, n'en reste pas moins artificielle et fragile : elle s'écroulera le jour où telle ou telle de nos vertus sera mise en échec, où telle ou telle aptitude spirituelle dans laquelle nous nous étions fortement investis nous sera enlevée. Comment vivrons-nous les échecs si nous nous identifions à nos réussites spirituelles ? J'ai connu des religieux qui se sont donnés à fond dans l'apostolat, qui se sont dévoués corps et âme pour une bonne cause, et qui, le jour où la maladie ou bien la décision d'un supérieur les obligeait à cesser cette activité, ont vécu une crise profonde, au point de ne plus savoir qui ils étaient.

Cette identification de soi-même avec le bien que l'on est capable d'accomplir est dangereuse parce qu'elle conduit à l'orgueil spirituel : on se considère plus ou moins consciemment comme la source et l'auteur de ce bien, on se l'attribue à soi-même, au lieu de reconnaître la vérité, c'est-à-dire que tout le bien que nous sommes capables d'accomplir est un don gratuit de Dieu. Le bien que nous faisons n'est pas notre propriété, il est un encouragement que Dieu nous accorde. « *Qu'as-tu que tu n'aies reçu ? Et si tu l'as reçu, pourquoi te glorifier comme si tu ne l'avais pas reçu ?* » nous rappelle saint Paul.[3] Et cet orgueil nous amène à juger ceux qui n'accomplissent pas ce bien dont nous nous prévalons, à être impatients envers ceux qui nous empêchent de réaliser tel projet, etc.

Orgueil, dureté, mépris du prochain, mais aussi peur et découragement seront les résultats inévitables de cette confusion entre *moi* et *mes talents* : les échecs seront très mal vécus, car au lieu d'être perçus comme des incidents de parcours normaux (et même bénéfiques !), ils seront vécus dramatiquement comme une atteinte à notre être, une menace pour notre identité. D'où aussi une peur excessive de l'échec

3. 1 Co 4, 7.

Il nous faut affirmer cela avec force : l'homme est plus que le bien qu'il est en mesure d'accomplir. Il est enfant de Dieu, et qu'il fasse le bien ou n'y arrive pas encore, ou qu'il en devienne incapable, il reste enfant de Dieu, car les dons et l'appel de Dieu sont irrévocables. Notre Père du Ciel ne nous aime pas pour le bien que nous faisons, il nous aime gratuitement, pour nous-mêmes, parce qu'il nous a pour toujours adoptés comme ses enfants.[4]

C'est pour cela que la vertu contraire à l'orgueil, l'humilité, ou pauvreté spirituelle, est si précieuse : elle établit notre moi à l'abri de tout ce qui pourrait le mettre en péril. Si notre trésor est en Dieu, personne ne pourra nous le ravir. L'humilité est la vérité : je suis ce que je suis, non pas une construction artificielle, fragile et sans cesse menacée, mais ce que je suis aux yeux de Dieu, un enfant pauvre, qui n'a absolument rien, qui reçoit tout, mais qui est infiniment aimé et totalement libre, qui n'a rien à craindre, rien à perdre, car il a déjà tout acquis par avance de l'amour gratuit et bienveillant du Père, qui lui a dit un jour cette parole définitive : « *Tout ce qui est à moi est à toi* »[5].

Notre identité véritable, bien plus profonde que l'avoir ou que le faire, et même que les vertus

---

4. Cette vérité à découvrir est le grand enjeu de la fréquente « crise du milieu de la vie » : après s'être dépensé pendant des années dans l'activité, on se retrouve à cinquante ans dans un grand vide intérieur, car on a voulu exister dans le faire, en oubliant de prendre les moyens d'accueillir sa vraie et inaliénable identité, celle de l'enfant de Dieu, aimé non pour ce qu'il fait mais pour ce qu'il est.

5. Lc 15, 31.

morales et les qualités spirituelles, est celle que nous découvrons peu à peu en vivant sous le regard de Dieu. Celle que personne, ni aucun événement, ni aucune chute, ni aucun échec ne pourra jamais nous ravir. Notre trésor n'est pas de ceux que les mites ou les vers peuvent dévorer,[6] il est dans le ciel, c'est-à-dire entre les mains de Dieu. Il dépend, non pas des événements, ni de ce que nous avons ou n'avons pas, ni même en un certain sens de ce que nous faisons ou ne faisons pas, de nos succès et de nos échecs, il dépend de Dieu seul, de sa bienveillance et de sa bonté sans changement. Notre identité, notre «être» a une autre source que nos activités, et bien plus profonde: l'amour créateur de Dieu qui nous a faits à son image et qui nous destine à vivre pour toujours avec Lui, amour qui ne peut se dédire.

Je voudrais citer à ce propos un beau passage d'une essayiste contemporaine déjà nommée. «L'amour est ce qu'il reste quand il ne reste plus rien. Nous avons tous cette mémoire au fond de nous quand, au-delà de nos échecs, de nos séparations, des mots auxquels nous survivons, monte du fond de la nuit comme un chant à peine audible, l'assurance qu'au-delà des désastres de nos biographies, qu'au-delà même de la joie, de la peine, de la naissance, de la mort, il existe un espace où rien ne menace, que rien jamais n'a menacé et qui n'encourt aucun risque de destruction, un espace intact, celui de l'amour qui a fondé notre être.»[7]

6. Mt 6, 19.
7. Christiane Singer, op. cit. p. 79.

Cela ne veut pas dire bien sûr qu'il soit indifférent de bien ou mal nous conduire; il faut autant que possible faire le bien et éviter le mal, car le péché nous blesse et blesse les autres, et ses dégâts sont souvent longs et coûteux à réparer. Mais je dis qu'on n'a pas le droit de confondre quelqu'un avec le mal qu'il commet (c'est enfermer cette personne et perdre toute espérance à son sujet), ni d'identifier quelqu'un (surtout pas soi-même) avec le bien qu'il fait.

3. Les épreuves spirituelles

La réflexion que nous venons de mener nous donne un éclairage intéressant sur la pédagogie divine envers chacun de nous, et sur la signification des épreuves dans la vie spirituelle.

Je pense que les épreuves que l'on peut traverser dans la vie chrétienne, ces « purifications » dont le langage de la mystique est familier, n'ont pas d'autre sens que d'être un travail de destruction de ce qu'il y a de construit et d'artificiel dans notre personnalité, pour que puisse émerger notre être véritable, à savoir ce que nous sommes pour Dieu. Les nuits spirituelles sont, pourrait-on dire, des appauvrissements parfois très rudes, qui décapent de manière radicale le croyant de toute possibilité de s'appuyer sur lui-même, sur ses acquis (humains ou spirituels), sur ses talents, capacités, et même sur ses vertus. Mais elles sont bénéfiques car elles le conduisent à mettre son identité là où elle est véritablement. Dans la nuit spirituelle, l'homme se voit radicalement pauvre et impuissant à tout bien et à tout amour, il se découvre capable de tous les péchés qu'il y a dans le monde. Cette expérience peut être très douloureuse, par exemple quand une personne qui aime le Seigneur traverse une phase où elle ne perçoit en elle pas le moindre atome de ferveur, et même un dégoût profond des choses spirituelles. Avoir donné sa vie à Dieu et se trouver ainsi incapable du plus petit mouvement d'amour envers Dieu, est une souffrance terrible car c'est le sens même de notre vie qui semble perdu.[8] Mais le bienfait de cette épreuve est le suivant : interdire à l'homme toute possibilité de s'appuyer sur le bien dont il est capable, pour que le seul fondement de sa vie devienne la miséricorde divine. Il s'agit d'une véritable révolution intérieure : faire en sorte que je ne m'appuie pas sur l'amour que j'ai pour Dieu, mais exclusivement sur l'amour que Dieu a pour moi. Un prêtre m'a dit un jour en confession : quand tu ne crois plus à ce que tu peux faire pour Dieu, continue à croire à ce que Dieu peut faire pour toi.

Car, progressivement, et parallèlement à ce terrible appauvrissement qu'il éprouve, celui qui est dans l'épreuve et qui ne se décourage pas mais espère dans le Seigneur commence à réaliser quelque chose, qui pour lui était jusqu'alors une pieuse expression, mais qui devient une expérience

8. Dans ce genre d'épreuve la personne ne perd pas l'amour pour Dieu, son être restant profondément orienté vers Dieu, mais elle perd le sentiment de l'amour. L'amour existe mais il n'est plus perçu que comme souffrance, souffrance de se sentir incapable d'aimer, souffrance de ne pas aimer suffisamment....

vitale : Dieu ne m'aime pas à cause du bien dont je suis capable, de l'amour que j'ai pour lui, mais il m'aime de manière absolument inconditionnelle, en vertu de lui-même, de sa miséricorde et de sa tendresse infinie, en vertu de sa seule Paternité à mon égard.

Cette expérience produit un basculement fondamental dans la vie chrétienne, qui est une immense grâce : le fondement de ma relation à Dieu, de ma vie, n'est plus en moi, mais totalement et exclusivement en Dieu. Ce qui veut dire aussi que je deviens pleinement libre : tant que mon rapport à Dieu est en partie fondé sur ce dont je suis capable, il reste fragile, quand il a comme seul fondement la paternité de Dieu, il est à l'abri de tout échec.

Cela ne veut pas dire, évidemment, que pour celui qui est passé par telle épreuve il est indifférent désormais de faire le bien ou le mal. Cet homme est plus que jamais épris de Dieu et désireux de lui plaire par des œuvres bonnes, mais le bien qu'il accomplit est fait de manière pure, libre et désintéressée. Il ne provient pas d'un besoin de se créer une identité, d'une soif de réussite, de la nécessité de se prouver à soi-même ou aux autres que l'on existe. Il n'a pas non plus comme ressort caché de vouloir mériter quoi que ce soit en retour. Sa source est en Dieu.

Ce « basculement » de notre vie spirituelle, dans lequel sont profondément imbriquées une expérience radicale d'appauvrissement et une nouvelle révélation de Dieu en tant que Père, est bien décrite dans le passage suivant, extrait du livre du moine égyptien Matta el Maskîne (Matthieu le

Pauvre), dans son ouvrage sur la prière.[9] Il appelle « tiédeur spirituelle »[10] l'épreuve que nous avons évoquée plus haut où l'âme, auparavant fervente et désireuse de servir Dieu, se sent incapable de prier, d'aimer, privée de tout bien spirituel, et il en décrit ainsi le sens et comment elle pose sur de nouvelles bases la relation de l'homme avec son Dieu :

> « Quand l'âme s'adonne à la lutte spirituelle, à l'assiduité dans les prières et à la minutieuse observance des autres pratiques spirituelles, elle peut acquérir le sentiment que cette activité et cette assiduité conditionnent sa relation avec Dieu. Il lui semble alors que c'est en raison de sa persévérance et de sa fidélité aux prières qu'elle mérite d'être aimée de Dieu et de devenir son enfant. Mais Dieu ne veut pas que l'âme se fourvoie sur cette fausse route qui, en fait, l'éloignerait définitivement de l'amour gratuit de Dieu et de la vie avec lui. Aussi lui retire-t-il cette énergie et cette assiduité qui risqueraient de causer sa perte.
>
> « Dès que Dieu lui retire ces capacités qu'il lui avait offertes gratuitement, comme preuve de son amour, c'est-à-dire cette énergie et cette assiduité aux œuvres spirituelles, l'âme reste sans force, incapable de mener n'importe quelle acti-

9. *L'expérience de Dieu dans la vie de prière,* © éd. du Cerf, p. 295.

10. Ce sens est bien sûr différent du sens habituel de tiédeur, comme paresse et négligence volontaire dans le service de Dieu.

vité spirituelle, et elle est confrontée à cette stupéfiante vérité, qu'elle persiste à refuser et à considérer comme hautement improbable : Dieu dans sa paternité n'a pas besoin de nos prières et de nos œuvres. Au début, l'homme s'accroche à l'idée que la paternité de Dieu s'est certainement éloignée de lui par suite de l'arrêt de la prière ; et que Dieu a abandonné l'âme et l'a négligée parce que ses œuvres et sa persévérance n'étaient pas à la hauteur de son amour. L'âme essaie en vain de se relever de son écrasement et de son deuil pour reprendre son activité, mais ses résolutions s'en vont en pure perte. Ensuite, peu à peu, l'âme commence à comprendre que la grandeur de Dieu n'a pas à être mesurée à l'aune de la futilité de l'homme, que sa paternité éminemment supérieure a accepté d'adopter les enfants de poussière à cause de son infinie tendresse et de l'immensité de sa grâce, et non en retour des œuvres de l'homme et de ses efforts, que notre adoption par Dieu est une vérité qui a sa source en Dieu et non en nous-mêmes, une vérité toujours présente, qui persiste – malgré notre impuissance et notre péché – à témoigner de la bonté de Dieu et de sa générosité. De la sorte, la tiédeur spirituelle amène ces âmes à réviser fondamentalement leur conception de Dieu, et leur évaluation des relations spirituelles qui relient l'âme à Dieu. Leur conception de l'effort et de l'assiduité dans les œuvres spirituelles s'en trouve profondément modifiée. Celles-ci ne sont plus considérées comme le prix de l'amour de Dieu, mais comme des réponses à son amour et à sa paternité. »

Notons que ce que Dieu fait dans l'âme de certains en les plongeant dans l'épreuve de « tiédeur spirituelle » décrite ci-dessus, il désire le faire chez tous, de manière plus normale et plus progressive pourrait-on dire, en utilisant les souffrances de la vie : échecs, impuissances, chutes de toute sorte, maladies, dépressions, fragilités psychologiques et affectives, quelle que soit leur origine, y compris notre faute. Même si leurs causes n'ont au départ rien à voir avec une intervention divine et ne sont pas directement liées à la vie spirituelle, Dieu s'en sert dans le même but. En fin de compte il n'y a pas tellement à distinguer entre les épreuves spirituelles et les autres, car Dieu se sert de tout, même de ce qu'il n'a pas « programmé » pourrait-on dire. Voire des conséquences de nos péchés ! Il est consolant de savoir qu'on peut tirer un grand bienfait spirituel même d'une épreuve qui n'a rien de spirituel ! N'ayons donc pas peur des moments où la vie nous dépouille et nous appauvrit dans quelque domaine que ce soit, Dieu en fera jaillir une précieuse liberté.

4. La miséricorde comme seul appui

L'homme libre, le chrétien « mûr » spirituellement, c'est-à-dire devenu vraiment « enfant de Dieu », est celui qui a éprouvé son néant radical, sa misère absolue, qui a été comme « réduit à rien », mais au creux de ce néant a fini par découvrir une tendresse ineffable, l'amour absolument inconditionnel de Dieu. Il n'a plus désormais qu'un seul appui et qu'une seule espérance : la miséricorde sans limites du Père. Elle est sa seule et unique sécurité. Il attend tout de cette miséricorde et d'elle seule, et non plus de ses ressources personnelles ou de l'aide des autres. S'est réalisée pour lui la parole que Dieu adresse à Israël par la voix du prophète Sophonie: «*Je ne laisserai subsister au milieu de toi qu'un peuple humble et modeste, et c'est dans le nom du Seigneur que trouvera refuge le reste d'Israël.*» Il s'efforce généreusement de faire le bien, il accueille avec joie et reconnaissance celui qui peut lui être procuré par son prochain, mais dans une grande liberté, car son appui est ailleurs, il est en Dieu seul. Il ne s'inquiète donc pas de ses faiblesses, pas plus qu'il n'en voudra aux autres de ne pas toujours correspondre à ses attentes. Cet appui en Dieu seul le met à l'abri de toute déconvenue, et lui confère une grande liberté intérieure, qu'il met toute entière au service de Dieu et de ses frères, dans la joie de répondre à l'amour par l'amour.

5. L'homme libre : celui qui n'a plus rien à perdre

Notre monde cherche la liberté, mais il la cherche dans l'accumulation de l'avoir et du pouvoir. Il oublie cette vérité essentielle : seul est vraiment libre celui qui n'a plus rien à perdre, parce qu'il a déjà été dépouillé de tout, détaché de tout, qu'il est «*libre à l'égard de tous*»[11] et de tout, celui dont on peut dire en vérité que sa mort est déjà «derrière lui», car tout son «bien» est désormais

11. expression de saint Paul dans 1 Co 9, 19.

en Dieu et en lui seul. Est souverainement libre celui qui ne convoite rien et qui n'a peur de rien. Qui ne convoite rien parce que tout bien qui importe vraiment lui est assuré par Dieu. Qui a peur de rien parce qu'il n'a rien à perdre, rien à défendre, qui ne se sent menacé par personne et n'a donc pas d'ennemis. C'est le pauvre des Béatitudes, détaché, humble, miséricordieux, doux, artisan de paix.

Une parabole de cette vérité pourrait se trouver dans un chapitre du roman de Soljenitsyne, *Le premier Cercle*. Il raconte, à l'époque de la dictature stalinienne, l'entrevue entre un prisonnier politique, un « zek » et un haut fonctionnaire du Parti. Le premier est incarcéré, il a connu des années de goulag, il a perdu sa famille dans les bombardements. Le fonctionnaire est en liberté, il est riche, puissant, mais il tremble sans cesse, car dans le contexte où se déroule le roman il risque d'un jour à l'autre d'être victime d'une des incessantes purges et de se retrouver en prison. Il a besoin des services de ce « zek », qui est un scientifique, pour un projet qu'on lui demande de mener à terme, dans lequel il risque sa carrière, et cherche tous les arguments pour le convaincre de collaborer à ce projet. Soljenitsyne montre avec beaucoup de finesse comment dans ce dialogue, le véritable homme libre, et celui qui en fin de compte mène le jeu, ce n'est pas le puissant fonctionnaire mais bien le prisonnier, car ce dernier n'a plus rien à perdre. Il est prêt s'il le faut à retourner en Sibérie : il sait que, même dans ces conditions terribles, on peut rester un homme.

Je ne dis pas qu'il faille souhaiter à quiconque de vivre cette expérience des camps, mais je veux dire qu'il est bon de méditer là-dessus, et que si l'expérience du goulag ou du camp de concentration est un des drames majeurs du XXe siècle, elle abonde en témoignages de personnes qui ont paradoxalement trouvé derrière les grilles, après avoir tout perdu, la liberté véritable. Dans son livre, Etty Hillesum, enfermée dans le camp de Westerbork, fait cette réflexion: « Les barbelés ne sont qu'une question de point de vue. 'Nous derrière les barbelés, disait un jour un indestructible vieux monsieur avec un geste mélancolique de la main, et eux, là-bas, ils ne vivent pas derrière les barbelés peut-être? (et il pointait son doigt dans la direction des hautes villas qui se dressent comme des geôliers de l'autre côté de la clôture »[12]. Elle dit ailleurs: « Quand on a une vie intérieure, peu importe, sans doute, de quel côté des grilles d'un camp on se trouve »[13].

6. Heureux les pauvres

Au fur et à mesure que les années passent, que je rencontre des personnes et partage en profondeur avec elles, que j'expérimente l'action discrète, mystérieuse, mais si réelle de Dieu dans ma vie et dans la leur, je suis de plus en plus frappé de constater quelle sagesse il y a dans l'Evangile, combien cette Parole est vraie, combien elle éclaire la condition

12. *Op. cit.* p. 258.
13. *Op. cit.* p. 109.

humaine d'une lumière d'une étonnante justesse. Cet évangile paradoxal et inépuisable, que nous n'avons peut-être – même chez les chrétiens – pas encore vraiment commencé à vivre, a une vertu (une force) inouïe pour faire de nous des êtres libres, pour nous rendre capables d'aimer en vérité, pour nous « humaniser » réellement, ce qui est aussi nous diviniser, car nous avons été créés à l'image de Dieu. Dans cette Parole sont révélées de la manière la plus féconde et la plus profonde qui soit toutes les lois de l'existence, et en particulier celles selon lesquelles il est possible de rejoindre le bonheur.

Au centre de l'Evangile, il y a les Béatitudes, avec la première qui les résume toutes : « *Heureux les pauvres de cœur, car le Royaume des Cieux est à eux.* » Je souhaite que les considérations de ce livre aient aidé le lecteur à comprendre cette affirmation étonnante de Jésus, à en percevoir la vérité, et à la vivre. La pauvreté spirituelle, la dépendance totale à l'égard de Dieu et de sa seule miséricorde, est la condition de la liberté intérieure. Il nous faut devenir des enfants, et « consentir à tout attendre du don du Père, mais vraiment tout, un instant après l'autre »[14].

Nous ne savons pas ce qui attend notre monde dans les années qui viennent, quels évènements marqueront le troisième millénaire. Mais une chose est sûre : ne seront jamais pris au dépourvu ceux qui auront su découvrir et déployer l'espace inaliénable de liberté que Dieu a déposé dans leurs cœurs en faisant d'eux ses fils.

---

14. Jean-Claude Sagne, *op. cit.* p. 172.

En guise de conclusion, nous voudrions laisser à la méditation du lecteur un beau dialogue entre Jésus et un spirituel espagnol contemporain, familier de la Vierge depuis son enfance, resté dans l'anonymat. Ce texte nous semble une belle expression des thèmes abordés dans ce livre pour tracer le chemin vers la liberté intérieure, particulièrement l'acceptation réaliste de soi-même et la foi en Dieu présent dans tous les évènements de notre vie.

– Ne t'es-tu jamais demandé quelle est la chose parmi celles que tu vis qui me cause le plus de joie ?
– Non, dis-je à Jésus.
Il m'a répondu : « Quand dans une liberté lucide tu réponds oui aux appels de Dieu. »
Il continua ensuite en me disant : « Rappelle-toi cette parole de l'Evangile : "La vérité vous rendra libres". Vous pouvez seulement répondre aux appels de la grâce avec liberté quand votre propre vérité se fait claire, quand vous l'acceptez humblement et quand à partir d'elle vous maintenez un dialogue avec Dieu, réalisant que tout ce qui vous est arrivé et vous arrive, répond à un amoureux et providentiel projet de celui qui est votre Père.

Oui, beaucoup de choses vous causeront des perplexités et même vous feront entrer dans l'épaisseur d'une obscurité intense, plus encore dans une douleur qui blesse et paralyse, mais la ressource de votre foi sera votre bouclier. Dieu ne se révèle-t-il pas comme votre Abba ? N'ai-je pas épousé, moi, le Fils, le plus misérable de votre condition ? Le Saint-Esprit comme Paraclet ne vous défend-il pas ? Toute cette réalité, crue avec le cœur et l'âme, provoquera en vous la confiance.

N'ayez pas peur de vous ! N'ayez pas peur de tout ce que vous êtes, dans votre réalité, dans la réalité qu'affronte chaque être humain, où Dieu plante sa tente pour habiter avec vous. Dieu est incarnation, le nouveau nom de Dieu est Emmanuel. Dieu avec nous : Dieu avec ta réalité. Ouvre-toi à elle sans peur. C'est seulement dans la mesure où tu te découvriras toi-même que tu découvriras la profondeur de son amour. Dans la profondeur de ce que tu es, tu expérimenteras que tu n'es pas seul. Quelqu'un, amoureusement et miséricordieusement est entré dans le mystère de ton humanité la plus intime, et non comme spectateur, ni comme juge, mais comme quelqu'un qui t'aime, qui s'offre à toi et qui t'épouse pour te libérer, te sauver, te guérir... Pour rester toujours avec toi, en t'aimant, en t'aimant ! »

Pâques 2002

TABLE DES MATIÈRES

Impression réalisée par

BUSSIÈRE

GROUPE CPI

à Saint-Amand-Montrond (Cher)
en janvier 2006

N° d'impression : 054862/1.
Dépôt légal : janvier 2006.

Imprimé en France